"Nicki Scully é uma verdadeira xamã da atualidade, com o raro dom de nos conduzir aos reinos da magia que inspira e transforma. Sua capacidade de tecer com arte imagens evocativas reforça as bem documentadas provas de que a visualização dirigida intensifica a cura e o crescimento pessoal."
— Rev. Sonia Sierra Wolf, guia de hipnose terapêutica e espiritual, e Fred Alan Wolf, Ph.D., autor de *Mind into Matter: A New Alchemy of Science and Spirit*

"Para todos os interessados em expandir a vida de modo instantâneo — mais rápido do que ir ao Egito ou a Bali —, estas viagens interiores ajudarão a reeducar a consciência e a ter ao alcance dos dedos uma série de energias arquetípicas."
— Gay Luce, Ph.D., autora de *Body Time* e *Your Second Self*

A abordagem leve e divertida de Nicki é um descanso das versões mais comuns da visualização criativa. [...] É possível pensar em usá-la como oráculo, que cai aberto na página que ele mesmo escolhe, mostrando uma mensagem para o dia e nos lembrando de nossa natureza animal essencial."
— Vicki Noble, autora de *Motherpeace: A Way to the Goddess*

"Nicki Scully conseguiu traduzir seu vasto conhecimento dos deuses e deusas arquetípicos do Egito em forma de viagens para a alma do buscador, onde o antigo caminho se torna relevante neste difícil presente. A viagem em direção à realização de si mesmo não é apenas um caminho de cura, mas nos capacita a ajudar as outras pessoas e todas as coisas vivas."
— Oh Shinnah, terapeuta indígena

"Neste livro notável, Nicki Scully conduz seus leitores a várias iniciações, rituais e viagens xamânicas. [...] Quem fizer a viagem com ela vai achá-la instigante, enriquecedora e gratificante."
— Stanley Krippner, Ph.D., professor de psicologia do Saybrook Institute e co-autor de *Personal Mythology* e *Dreamworking*

"A história natural das imagens míticas apresentada em *Meditações dos Animais de Poder*, de Nicki Scully, dá vida aos mitos, permitindo-lhes abrir portas interiores, ativar energias, transmitir sabedoria e impulsionar o leitor à ação."
— James A. Swan, Ph.D., autor de *Sacred Places* e professor associado de antropologia de California Institute of Integral Studies

MEDITAÇÕES DOS ANIMAIS DE PODER

VIAGENS XAMÂNICAS COM NOSSOS ALIADOS ESPIRITUAIS

NICKI SCULLY

TRADUÇÃO
PAULO SALLES

ILUSTRADO POR
ANGELA WERNEKE

PREFÁCIO DE
ROWENA PATTEE KRYDER

EDITORA PENSAMENTO
SÃO PAULO

Título do original: *Power Animal Meditations.*

Copyright do texto © 1991, 2001 Nicki Scully.

Copyright das ilustrações © 1991, 2001 Angela Werneke.

Publicado originalmente nos Estados Unidos por Bear & Company, uma divisão da Inner Traditions International, Rochester, Vermont. Publicado mediante acordo com Bear & Company

Todos os direitos reservados. Nenhuma parte deste livro pode ser reproduzida ou usada de qualquer forma ou por qualquer meio, eletrônico ou mecânico, inclusive fotocópias, gravações ou sistema de armazenamento em banco de dados, sem permissão por escrito, exceto nos casos de trechos curtos citados em resenhas críticas ou artigos de revistas.

Dados Internacionais de Catalogação na Publicação (CIP)
(Câmara Brasileira do Livro, SP, Brasil)

Scully, Nicki
   Meditações dos animais de poder : viagens xamânicas com nossos aliados espirituais / Nicki Scully ; tradução Paulo Salles ; ilustrado por Angela Werneke ; prefácio Rowena Pattee Kryder. — São Paulo : Pensamento, 2004.

   Título original: Power animal meditations.
   ISBN 85-315-1354-5

   1. Animais - Aspectos simbólicos 2. Exercícios espirituais 3. Simbolismo 4. Thoth (Divindade egípcia) 5. Totens 6. Xamanismo I. Werneke, Angela. II. Kryder, Rowena Pattee. III. Título. IV. Título: Viagens xamânicas com nossos aliados espirituais.

04-5604   CDD-299.93

Índices para catálogo sistemático:

1. Autotransformação : Filosofias religiosas de natureza universal 299.93

O primeiro número à esquerda indica a edição, ou reedição, desta obra. A primeira dezena à direita indica o ano em que esta edição, ou reedição, foi publicada.

Edição   Ano
1-2-3-4-5-6-7-8-9-10-11   04-05-06-07-08-09-10-11

Direitos de tradução para a língua portuguesa
adquiridos com exclusividade pela
EDITORA PENSAMENTO-CULTRIX LTDA.
Rua Dr. Mário Vicente, 368 — 04270-000 — São Paulo, SP
Fone: 6166-9000 — Fax: 6166-9008
E-mail: pensamento@cultrix.com.br
http://www.pensamento-cultrix.com.br
que se reserva a propriedade literária desta tradução.

Impresso em nossas oficinas gráficas.

*À cura da Mãe Terra e a todas
as pessoas de minhas relações*

Advertência Especial ao Leitor

Embora este livro contenha sugestões de experiências que podem resultar em cura, seu intuito não é fazer recomendações específicas para o tratamento de doenças, sejam elas físicas ou emocionais. Ele explora diversas possibilidades alternativas a serem usadas como abordagens complementares a modalidades convencionais, sem qualquer pretensão de substituir terapias reconhecidas, diagnósticos ou tratamentos médicos.

Sugerimos ao leitor uma exploração cautelosa das viagens deste livro que, como qualquer outro tipo de exploração profunda da psique, podem eventualmente catalisar estados de intensidade emocional.

Sumário

Agradecimentos 10
Prefácio à Segunda Edição 11
Prefácio à Primeira Edição, por Rowena Pattee Kryder 13
Introdução 15

Parte I: Preparação e Iniciação 19

O Caldeirão 21
Divindades, Totens e Arquétipos 25
Como Usar Este Livro 29
Thoth 35
Alquimia e Iniciação 39
Alquimia Abreviada 41

Parte II: Viagens Fundamentais 43

Abutre e Velha: Sabedoria Intuitiva 45
Árvore: Enraizamento 49
Rosa: Perfeição do Eu/Abertura do Coração 53
Águia: Escolhas 57
Elefante: Manifestação de Metas/Solução de Problemas 61
Sumagre-Venenoso: Proteção 65

Parte III: Viagens para Despertar 67

Hipopótamo: Renascimento 69
Naja: Despertar da Energia 73
Veado: Iniciação às Linhas Ley 79

Sumário

Baleia: Iniciação Sônica 83
Cisne: Parceiro Interior 87
Gato: Amor por Si Mesmo 91
Salmão: Energia/Fertilidade 95

Parte IV: Viagens para Transformação 99

Borboleta: Transformação/Auto-estima 101
Coruja: Alquimia/Visão Noturna 105
Leopardo Persa: Tristeza 109
Leopardo-da-Neve: Medo 113
Crocodilo: Consiga o que Quer 119
Morsa: Relação com o Dinheiro 123
Canguru: Contrapeso para o Mal 127
Abelha: Retribuição à Terra 131

Parte V: Viagens para Cura 135

Urso: Sonhos/Cristais/Ervas 137
Cristais: Meditação 141
Ouro: Energia 145
Cervo: Sensibilidade 149
Kuan Yin: Cura/Compaixão 153
Águia Dourada: Relações Familiares/Co-dependência 157
Sapo: Purificação 161

Parte VI: Viagens para Exploração 165

Falcão: Iluminação 167
Leoa: Reinos Elementais 171
Cedro: *Akasha* 177
Golfinho: Comunicação/Atlântida 183
Coiote: Sua Sombra 187
Gaio-Azul: Máscaras 191
Chacal: O Submundo 195

Parte VII: Viagens para Celebração e Glorificação 199

Tartaruga: Servir/Dar 201
Castor: Responsabilidade/Diligência 205

Sumário

Corvo: O Resgate da Infância 209
Rato-do-Campo: Humildade 213
Pavão: Magia/Bondade/Generosidade 217
Búfalo Branco: Reverência/Ancestrais 221

Parte VIII: Viagens para Libertação 225
Camelo: Localização/Persistência/Desenvolvimento da Intuição 227
Pelicano: Alimento e Proteção para a Criança Interior 231
Girafa: O Ponto de Vista do Coração 235
Lagarto-de-Chifres: Couraça/Evolução Consciente 239
Lobo: A Verdadeira Segurança 243
Aranha: Respeito/A Teia da Criação 247
Mustangue: Espírito de Liberdade 251

Posfácio 253
O Jardim: Gratidão/Vislumbre do Lado de Lá 255

AGRADECIMENTOS

Este é um tipo de trabalho que não se faz sozinho: exige um esforço em grupo, onde cada um contribui com uma parte essencial para criar o todo. Na primeira e na segunda edições, a inspiração de cada meditação dirigida veio através do foco de alunos e amigos que fizeram as conexões iniciais com animais totêmicos. Eles então viajaram comigo para dar clareza às experiências específicas que cada totem queria oferecer a estas páginas.

Quero agradecer especialmente às seguintes pessoas, cujo foco e atenção ajudaram a dar vida a este trabalho: Roland Barker, Jane Bell, Anita Bermont, Lief Caroon, Bo Clark, Gayle Clayton, Christine Coulter, Normandi Ellis, Steve Harter, Charla Hermann, Myrrah, Gloria Taylor-Brown, Kalita Todd, Kay Cordel Whittaker, Paul Wolf — e a todos os alunos e amigos que também fizeram essas viagens e me deram *feedback*.

Minha estima irrestrita a Barbara Hand Clow e Gerry Clow, por terem acreditado na importância deste trabalho, e à minha editora, Laura Schlivek, por seus lúcidos *insights*.

A mais profunda gratidão e devoção a meu marido, Mark Hallert: sem sua atenção constante, seu apoio e sua visão perspicaz eu jamais poderia ter realizado este trabalho. E, finalmente, ofereço muitas bênçãos de amor e gratidão a meu mestre e mentor, Thoth, e a todos os totens e divindades que compartilharam sua sabedoria e seus ensinamentos neste livro.

Prefácio à Segunda Edição

Em sua primeira edição, este livro foi publicado com o nome de *The Golden Cauldron* [*O Caldeirão de Ouro*], referindo-se aos processos de alquimia interior usados para estabelecer uma conexão segura e eficaz com nossos animais totêmicos de poder. Embora o título tenha mudado para dar ênfase aos guias animais, mantive o uso do Caldeirão no texto, como símbolo do recipiente alquímico que fica à nossa disposição quando viajamos pelo mundo do espírito.

Recomendo a você que, antes de mergulhar nestas meditações, leia o material introdutório e os capítulos da Parte I. Eles lhe darão uma compreensão mais profunda de como as viagens deste livro funcionam como *processo* para conquistar a transformação. Estas viagens foram organizadas em grupos mas, depois de aprender a alquimia e a linguagem, você descobrirá que pode fazer as que achar mais interessantes sem se preocupar com a ordem em que foram apresentadas.

Desde o lançamento da Primeira Edição, tenho conduzido (com um círculo de alunos e amigos) uma pesquisa permanente sobre a expansão da consciência. Essa pesquisa inclui inúmeros encontros com seres totêmicos inteligentes, que proporcionaram cura, avanço espiritual e orientação precisa e benéfica para meus alunos e para mim. Como culminação dessa pesquisa, sete novas viagens surgiram para serem incluídas nesta nova edição.

O patrimônio biológico humano contém lições evolutivas advindas de todas as espécies com que compartilhamos esta abençoada Mãe Terra. Cada substância química que produzimos em nosso corpo, mesmo as que se relacionam às emoções, foi antes explorada e desenvolvida por outra entidade viva, éons atrás. Hoje sabemos, por exemplo, que as plantas têm substâncias cerebrais. Portanto, falar de ensinamentos de um animal não é apenas uma metáfora — eles literalmente nos sintonizam à realidade do que herdamos daquela criatura. Quando viajamos com esse animal, a sabedoria perene de sua espécie, baseada em sua história evolutiva, desperta a mesma sabedoria em nós.

O ensinamento mais profundo — e isso se aplica a todas as plantas e animais — é que a chamada metáfora é, na verdade, o vestígio de uma forma universal. Dizer que a teia da aranha é uma metáfora do ego equivale a dizer que a aranha, em sua evolução, lançou o fundamento que viabilizou o ego como nós o conhecemos. Ele é uma parte do que herdamos da aranha.

É importante lembrar que, embora a nova seção, "Viagens para Libertação", encerre o livro, a coleção completa de *Meditações dos Animais de Poder* é ilimitada: será sempre uma obra em andamento. As viagens aqui publicadas representam minhas primeiras explorações da sabedoria dos animais, na medida em que foram se apresentando para este trabalho. Todo animal tem muito a ensinar. Você pode repetir qualquer das viagens deste livro quantas vezes quiser. Cada vez que voltar para aprofundar mais as suas relações no mundo totêmico, os animais de poder que o estiverem guiando revelarão novos patamares de experiência, cada vez mais amplos e mais diversificados.

Que seu Caldeirão esteja repleto de amor e sabedoria e que a inteligência dos totens, que estas páginas tornam acessível, abençoe sua vida e o leve a uma compreensão clara e profunda do seu eu e de todos os seres com que você se relaciona.

Com dedicação perene à paz e à cura,
Nicki Scully

Prefácio à Primeira Edição

The Golden Cauldron [*O Caldeirão de Ouro*]* não é apenas um instrumento de cura, mas uma passagem para a experiência humana primordial que toca o passado e tem o poder de nos levar a um futuro favorável. Este livro traz uma série de viagens dirigidas que lhe permitirão perscrutar as profundezas da psique e as energias do Universo. É um livro para ser lido e também para ser usado. (Para mim, foi bom ficar deitada no chão enquanto alguém lia as viagens, deixando a psique livre para as explorações.) Ele o ajudará a ser o que você é. Participando de *O Caldeirão de Ouro*, você estabelecerá sua relação pessoal entre a experiência numinosa e os reinos animal, vegetal e mineral. Esses processos são uma forma profunda de ecologia.

O Caldeirão é o cadinho do corpo, da alma e da mente, quando estamos em contato profundo com nosso eu divino e com nosso eu natural: as viagens e preparações deste livro são testemunhas do *espírito na natureza*. Nós, no Ocidente, há muito separamos espírito e matéria, desencadeando uma guerra interior que pede uma solução. Essa guerra interior é uma das principais causas dos conflitos externos, que se transformam, coletivamente, em guerras entre nações. A natureza é nossa fonte de cura e o espírito é nosso guia. Através do processo do Caldeirão, você tem acesso à musa da inspiração, ao ser guiado à essência da própria natureza. Os deuses e deusas — arquetipicamente, os substratos da natureza e do nosso ser — são forças que tornam o processo do Caldeirão capaz de curar, transmutar e alimentar nossa alma.

Nestas viagens dirigidas, você tem a oportunidade de transformar em aliados os arquétipos que transcendem o tempo e o espaço mas mesmo

---

* Na primeira edição, *Meditações dos Animais de Poder* intitulava-se *The Golden Cauldron*.

assim influenciam a vida cotidiana. O Caldeirão nos ajuda a entrar em contato com nós mesmos através de processos alquímicos que unem o fio de antigas linhagens tribais, enraizadas nos espíritos da natureza, aos nossos poderes criativos. A criatividade divina é essencial, na medida em que é uma recriação dentro da criação. Mergulhando nas profundezas do Caldeirão, você emergirá com uma profusão de aliados que o ajudarão a recriar a vida em harmonia com a natureza e com sua fonte divina.

Rowena Pattee Kryder, Ph.D.
Mount Shasta, Califórnia

Rowena Pattee Kryder é autora de *Sophia's Body*, *Tiger and Dragon I Ching* e *Sacred Ground to Sacred Space*. Ela é diretora de programação do Creative Harmonics Institute de Mount Shasta, na Califórnia.

Introdução

Este livro é o cumprimento de uma promessa que fiz, de encontrar e compartilhar mecanismos de cura. É um compromisso que entrou silenciosamente na minha vida, num dia no início da década de 1970, quando eu estava no alto de uma colina realizando uma cerimônia de prece com Oh Shinnah, minha boa amiga e uma de minhas primeiras mestras. Senti a força e o poder da cerimônia e fiquei impressionada com as preces de Oh Shinnah. Na tentativa de parecer tão eloqüente quanto ela, vi-me a imitá-la, fazendo promessas grandiosas e me comprometendo com uma vida a serviço da cura da Mãe Terra.

Esse momento assinalou uma mudança capital no rumo da minha vida. Devido ao poder desse comprometimento, ritualizado de modo a deixar uma marca especialmente profunda no meu subconsciente, comecei a atrair ferramentas para cumprir essa declaração de intenções. Aprendi em pouco tempo que, se não usasse os dons que possuía, eles se perderiam, de um modo ou de outro. Aos poucos, na medida em que continuava a dizer "sim" às portas espirituais que se abriam diante de mim, me descobri num caminho de retorno contínuo, o retorno a uma consciência há muito perdida nas vias interrompidas da história.

Muitos de nós, desenraizados e transplantados, perdemos todos os vestígios de raízes tradicionais e unificadoras. Estamos descobrindo o caminho de volta ao futuro dos nossos sonhos e à magia do nosso passado. Refazemos a roda da vida, tecendo o velho, o novo e o ainda não descoberto numa tapeçaria que irá refletir nossas visões e sonhos coletivos.

Não há mais como duvidar da urgência de nossa situação aqui no planeta Terra. Todos os continentes estão repletos de sofrimento. As guerras são excessivas. Há guerras políticas, guerras religiosas, guerras de drogas e guerras de rua. A doença é pandêmica: doenças sexuais, doenças ambientais, psicoses e desequilíbrios emocionais relacionados com o *stress* impregnam a sociedade e destroem o sistema imunológico coletivo. Nossos recursos são desperdiçados por um populacho hipnotizado pela retórica dos avatares da ganância, que governam as nações enquanto se deixam cegar por suas mesquinhas disputas de poder. O próprio ar que respiramos vai se tornando um recurso não renovável, pois as empresas que exploram madeira, papel e gado e os governos de visão curta continuam destruindo florestas primárias e tropicais em todo mundo. Dezenas de milhares de espécies da vida animal e vegetal foram extintas pela interferência humana, e outros milhares já estão atualmente ameaçados de extinção. Toda espécie é participante ativa do jogo permanente da vida. Medicamentos preciosos, cujo uso nem sequer foi descoberto, desapareceram com o assalto desta nossa civilização desencaminhada.

Ainda assim, nossos erros e doenças são nossos mestres. Eles proporcionam a dádiva da pressão e da motivação para a mudança. A pressão transforma carvões em diamantes. De modo análogo, administrar a pressão na nossa vida pessoal leva ao domínio de nós mesmos e das condições que criamos. Nós temos escolha. Como seres que resolvem seus próprios problemas, podemos enxergar nossas doenças coletivas pelas lições que nos trazem e introduzir as mudanças necessárias para evitar a nossa própria morte. O que criamos na nossa realidade microcósmica, em nossa vida pessoal, se reflete em nossas famílias, em nossas comunidades e, em última análise, no mundo.

Quando vamos além da atitude fatalista da vítima, encaramos o terrível desafio de criar a mais alta qualidade de vida possível para a nossa ingenuidade intrínseca. O primeiro estágio é reconhecer a magnitude de nossos problemas. Perde-se uma imensa energia potencial porque as prioridades da maioria das pessoas estão voltadas para a sobrevivência diária, sem conhecimento da relação entre sobrevivência pessoal e continuidade planetária.

Quando os problemas planetários são vistos como desafios pessoais, passamos para o estágio seguinte: comprometimento. Como pode alguém ser eficiente ao lidar com as formidáveis conseqüências de nossas dificuldades generalizadas? Somos criados para crer que não temos força, que uma outra pessoa sempre entende melhor que nós de qualquer assunto. A maioria de nós nunca ouviu dizer que cada um tem as respostas dentro de si mesmo, ou que temos uma sensibilidade intrínseca que, se desenvolvida e honrada, nos leva infalivelmente à verdade. Ensinam-nos, ao contrário, a

Introdução

negar nossos sentimentos e emoções, a ignorar nossos instintos, a bloquear nossa intuição como algo a ser oculto ou desativado. No final das contas, a frase "É só imaginação sua" constitui um sustentáculo da opressão sutil dos pais há várias gerações.

Nós criamos o nosso futuro, optemos ou não por fazê-lo de modo consciente. Temos a alternativa de passar por esse processo como sonâmbulos, inconscientes da nossa influência. Em sua maioria, as pessoas simplesmente se sentem vítimas das circunstâncias. Somente quando se observa a perspectiva maior é que se começa a enxergar as relações e a perceber as conexões entre pensamentos e atos, sonho e realidade, causa e efeito. À medida que a nossa consciência se expande, relações menos evidentes se manifestam e aparece a sincronicidade. Quando prestamos atenção aos eventos sincrônicos de nossas vidas, nos vemos num nível inteiramente novo de consciência, colorido pela promessa da magia e do mistério. Toda mudança ou movimento principal no nosso desenvolvimento pode ser marcado por um rito de passagem.

É a esse empíreo metafísico de magia e mistério que quero introduzir os leitores deste livro. Começando com a formação do comprometimento e passando à disposição de cada pessoa de se responsabilizar por sua própria vida, exploraremos possibilidades de fortalecimento pessoal. Ao atravessar os véus que separam o mundo do espírito e a realidade comum, influenciamos e modificamos nossa existência física pela interação com o mundo do espírito. Para os estudiosos sérios do Caldeirão, as viagens deste livro são ritos de passagem.

Parte I

Preparação e Iniciação

É importante ler estes capítulos antes de embarcar nas suas viagens. Neles, você encontra a base e as instruções necessárias para uma exploração satisfatória e feliz pelas paisagens interiores de *Meditações dos Animais de Poder*.

O Caldeirão

O Caldeirão, antigo símbolo do ventre cósmico, fonte da vida e da sabedoria, aparece com destaque na história e na mitologia. Através dos tempos e de variadas culturas, esse vaso representa o lugar da continuação: ele é o receptáculo espumoso e fervente ao qual a vida retorna, onde ela é remisturada e regenerada em ciclos perpétuos. O Caldeirão é uma metáfora para o atanor alquímico onde ocorrem a transformação e a cura. Trazemos esse vaso em nós, em nossa região abdominal, ou ventre. É pelo simbolismo do Caldeirão que conseguimos transformar nossa perspectiva de modo a incluir uma consciência do reino espiritual. Graças ao Caldeirão, podemos nos juntar aos animais totêmicos, nossos aliados, e enxergar o mundo através dos olhos deles.

O Caldeirão com que trabalhamos neste livro é de ouro, basicamente pelas propriedades do ouro. O ouro é a mais pura das substâncias e não é possível diminuir seu brilho. Está associado ao Sol, como manifestação física do que era cultuado como a força vivificante da criação. O ouro, nesse contexto, é também um símbolo do servir.

Os principais mitos sobre o Caldeirão, que até hoje sobrevivem, têm relação com o paganismo, a antiga religião do culto à Deusa, cujo ventre era um tema central e fornecia a fonte da abundância e da cura. A Velha, guardiã do Caldeirão, foi reverenciada na Antigüidade como vidente e mística, uma mulher sábia que curava, conhecia o uso das ervas e vivia em harmonia com a natureza.

Essa noção foi tristemente aviltada na cultura ocidental moderna: na Igreja/Estado linear e patriarcal da Idade Média, a Velha foi transformada, por aqueles que usurpariam sua sabedoria e poder, numa bruxa feia e malvada. Por esse motivo a idéia de caldeirão hoje evoca imagens de uma bruxa velha e corcunda, vestida de preto, com uma verruga no queixo e mexendo o caldeirão borbulhante, enquanto um gato preto de costas arqueadas e pêlos eriçados anda sobre um canto de cerca.

Essa mudança de imagem enfraqueceu sua posição e, ao mesmo tempo, ocultou a verdadeira fonte e a magia da natureza. Pode-se considerar a busca do Santo Graal como a busca do Caldeirão perdido, da graça e da abundância que desapareceram quando o círculo foi rompido e suas sacerdotisas foram queimadas na fogueira durante a Inquisição.

Diversas expressões simbólicas do Caldeirão aparecem em variados contextos culturais. Na China, é conhecido como Ting. No *I Ching*, ou *Livro das Mutações*, o hexagrama 50 é "Ting/O Caldeirão", que sugere a idéia de nutrir, de preparar a comida. (Ver *The I Ching or Book of Changes*, traduzido por C. F. Baynes e R. Wilhelm. Princeton, NJ: Princeton University Press, 1969; p. 641.)[1]

> Nada transforma tanto as coisas quanto o Ting. [...] As transformações ocasionadas pelo Ting são por um lado as mudanças sofridas pelos alimentos ao serem cozidos e, por outro, em sentido figurativo, os efeitos evolucionários que resultam da colaboração de um príncipe com um sábio. [...] O Caldeirão significa a acolhida do novo.*

De acordo com o manuscrito inédito de David W. Patten, *The Secrets of the Alphabet, an Alphabet of Ancient Celtic Wisdom* (*Os Segredos do Alfabeto, um Alfabeto da Antiga Sabedoria Céltica*), o caldeirão de Cerridwin, a Mãe de toda a criação, continha simbolicamente uma erva para cada dia do ano. Quem bebesse seu conteúdo possuiria todo o conhecimento.

Nas mitologias egípcia, hindu e nórdica os caldeirões simbolizavam o poder feminino da criação cósmica. No Egito, o deus Osíris é associado a um cálice celestial que jamais se esvazia e a deusa Néftis, irmã de Ísis, carrega um vaso sobre a cabeça. O deus nórdico Odin, disfarçado de serpente, bebia o Sangue da Sabedoria nos caldeirões do ventre da Grande Mãe para obter poder.

Kali, a deusa hindu, também é associada ao caldeirão. O deus Indra roubou-lhe o poder bebendo o elixir de seu caldeirão, que daria o poder de mudar de forma. Como Odin, ele se transformou em pássaro para levar o

---

* *I Ching — O Livro das Mutações*. Tradução do chinês para o alemão, introdução e comentários de Richard Wilhelm; tradução para o português de Alayde Mutzenbecher e Gustavo Alberto Corrêa Pinto (São Paulo: Pensamento, 1998, 18.ª ed., p. 465).

sangue de volta aos outros deuses do panteão. (Ver *Women's Encyclopedia of Myths and Secrets*, de Barbara Walker. San Francisco: Harper & Row, 1983; p. 150.)

Para as tribos indígenas das planícies da América do Norte, o mais sagrado dos objetos é o cachimbo sagrado. Sua haste representa o poder masculino, criativo e gerador que transmite a prece, enquanto o fornilho simboliza o vaso feminino e receptivo que é a Terra. É dentro desse vaso, ou caldeirão, que ocorre a alquimia da cerimônia do cachimbo, a transmutação das ervas ou do tabaco na fumaça que transporta as preces nas quatro direções. Quando a haste e o fornilho estão ligados, todas as coisas do Universo estão ligadas e funcionando em equilíbrio.

Muitas culturas xamânicas, especialmente as da Ásia central e da Sibéria, definem o Caldeirão como o vaso em que o corpo desmembrado do iniciado é fervido e depois recomposto. Os xamãs são aqueles que venceram a morte através da doença, dos sonhos ou das visões, atingindo um conhecimento experimental de sua própria imortalidade. Historicamente, a função do xamã é interceder junto ao mundo espiritual para efetuar mudanças no mundo físico, como curas ou mudanças climáticas, a serviço da comunidade. Este livro não pretende criar xamãs instantâneos, pois o caminho para se tornar um verdadeiro xamã é longo e árduo de percorrer. Mas ele apresenta um uso consciente e eficaz das técnicas xamânicas para o rápido crescimento e desenvolvimento pessoal.

Como processo, o Caldeirão proporciona orientação aos viajantes no mundo do espírito. Nosso corpo fornece recipientes para o espírito, moradas para os seres divinos que nos falam no silêncio de nosso esforço para compreender o grande mistério da vida. É a consciência que temos desses seres — divindades, arquétipos e totens — que os ajuda a interagir com a realidade física e a influenciá-la.

Quando fui iniciada no Caldeirão como caminho a ser desenvolvido como expressão do meu trabalho, eu ainda não entendia a ligação entre o Egito, país que é o foco dos meus estudos e viagens pessoais, e esse Caldeirão simbólico, que eu associava principalmente às tradições da Deusa. Era junho de 1986 e eu tinha trabalhado o dia inteiro com alguns alunos, praticando alquimia e técnicas avançadas de cura.

Estávamos fazendo uma pausa ao anoitecer, sentados à minha mesa de jantar. Eu estava comentando como era difícil ter o ensino como principal fonte de sustento de minha família quando Thoth, o deus egípcio da sabedoria, apareceu sob a forma de íbis/homem e me perguntou se eu gostaria de trabalhar mais ainda. Com meu bom amigo, aluno e professor Brian O'Dea como intercessor, Thoth me iniciou no Caldeirão da maneira descrita neste livro, na alquimia do Caldeirão e na viagem com o Abutre e a Velha.

As águas regeneradoras do Caldeirão se agitaram quase de imediato, produzindo uma rica corrente de possibilidades, enquanto divindades e totens apareciam para acrescentar substância ou condimentos ao generoso cozido que fervia. As primeiras viagens são apresentadas na ordem em que vieram a mim.

Ao mesmo passo em que o trabalho progredia, comecei a perceber quando os diferentes totens queriam trazer para o Caldeirão um ensinamento relativo aos seus atributos especiais. Freqüentemente, durante uma aula ou sessão, um totem ou divindade sem relação com o trabalho do momento me enviava uma mensagem através de um aluno, ou deixava uma impressão tão forte que o aluno não conseguia deixar de mencionar sua manifestação. Às vezes durante a aula, mas em geral mais tarde (quando eu estava ao computador ou ao telefone), pedíamos a Thoth permissão para visitar o novo aliado, que então nos dizia qual era a viagem e as informações gerais a serem incluídas nos ensinamentos em contínuo desenvolvimento do Caldeirão. O ser nos conduzia através da experiência para que compreendêssemos com que atributo ele queria contribuir. Este volume, a primeira oportunidade de publicar uma coleção dessas viagens, representa apenas uma parcela do material disponível.

Espero que você beba abundantemente do Caldeirão e, ao fazê-lo, que compreenda sua natureza e fonte infinita, pois quanto mais você bebe dessa fonte inesgotável de sabedoria, mais haverá para alimentá-lo. Depois de desenvolver uma ligação com Thoth e com outros aliados, você vai achar mais fácil explorar por conta própria, pois explorar o Caldeirão é olhar no profundo espelho da própria consciência.

DIVINDADES, TOTENS E ARQUÉTIPOS

Estamos passando por um processo de transformação de nossa identidade, que de realidade linear vai se transformar em paradigma holográfico, em que cada fragmento contém o todo. Observando a natureza, aprendemos sobre nós mesmos e sobre nossa relação com a maravilhosa criação de que fazemos parte. Assim dentro como fora: as ricas paisagens da natureza se refletem no poço profundo da introspecção, nossos Caldeirões interiores.

Compreender a nós mesmos é compreender nossa relação com as abundantes formas de vida expressas na natureza. Os seres humanos tendem a ser ao mesmo tempo chauvinistas e antropomórficos. Certos de que somos a mais inteligente das espécies, achamos que qualquer conceito de ser supremo tem que se parecer conosco. Essa idéia nos limita e impede que reconheçamos o enorme potencial de auxílio e conhecimento que nossos parentes dos reinos vegetal, animal, mineral e espiritual nos oferecem.

No Egito, país que inspirou muitas das viagens deste livro, o panteão é basicamente zoomórfico. Quase todas as divindades estão relacionadas a animais totêmicos. Há cabeças de animais em corpos humanos, cabeças humanas em corpos de animais e, ocasionalmente, criações compostas que misturam mais de um totem. Às vezes, os totens são vistos em símbolos que os deuses usam na cabeça: são símbolos que descrevem certas funções. A viagem do crocodilo veio de Sobek, o deus-crocodilo do Egito, e a do hipopótamo veio de Tarät (Tuéris), uma deusa egípcia. A da naja também tem origem no Egito.

No entanto, *Meditações dos Animais de Poder* é inconcludente. Kuan Yin, do Oriente, e Ganesha, um deus hindu, também contribuíram com viagens. Não há cercas nem muros no Caldeirão, não há barreiras entre tradições ou locais geográficos. Todas as culturas e imagens históricas são acessíveis através de sua alquimia.

Os símbolos universais que aparecem em sonhos e visões têm significados semelhantes, mesmo em culturas diversas. As *divindades* habitam a consciência de cada um, como personificação dos aspectos arquetípicos da natureza. *Arquétipos* são expressões de idéias básicas e fundamentais, como amor ou compaixão. As divindades são as representações pessoais ou culturais dos arquétipos. As imagens de divindades são um legado de nossos ancestrais, que nos foi transmitido nos diversos panteões e catalogado na rica história da mitologia e da lenda.

Nesta era tecnológica, é possível olhar para trás no tempo e rastrear a evolução dos arquétipos, do anonimato antigo, passando por diversas mudanças culturais e tradições, ao presente enriquecido pela multiplicidade da diversidade cultural. Esses arquétipos, como o da Grande Mãe, expressam conceitos maiores que, personificados, se tornam divindades como Kuan Yin, Kali ou Ísis. A deusa grega Hécate, por exemplo, é uma interpretação cultural de uma velha arquetípica. A aparência dos arquétipos varia um pouco de uma cultura para outra e as afinidades pessoais de cada um atrairão a representação tradicional adequada às viagens apresentadas neste livro. Por exemplo, quando sugiro uma entidade egípcia ou um ser vestido no estilo egípcio, pode ser que você se sinta mais à vontade com um guia correspondente que seja mais forte e mais claro para você.

As divindades funcionam também como repositórios das qualidades mais elevadas e potentes que desejamos reverenciar. Despejamos nossos sentimentos por esses atributos no símbolo do deus ou deusa sob forma de culto ou devoção e podemos evocá-los quando surgem necessidades pessoais. Kuan Yin, por exemplo, é cultuada no Oriente como deusa da misericórdia e da compaixão há milhares de anos. Seu nome passou a exemplificar essas qualidades. Quando a invocamos, rezamos para ela ou viajamos com ela, Kuan Yin expressa aquilo em que se transformou através do alimento perene da devoção. Damos vida às divindades reconhecendo sua presença em nossa psique.

Totens, por outro lado, são expressões mais mundanas das qualidades ou aspectos representados pelas divindades. Para onde quer que olhemos na natureza encontramos nossos próprios atributos — e os que desejamos emular — espelhados em outras formas de vida. Nos tempos pré-históricos, os clãs eram associados a animais totêmicos, reverenciados e adotados como modelos pelos membros do clã.

Cada um de nós tem um animal de poder e pode desenvolver relações com vários animais totêmicos. Em geral, há um elo subconsciente entre você e seu animal de poder que se expressa em seu amor pela espécie a que ele pertence, embora nem sempre você esteja consciente da influência que ele tem em sua vida. Ao estabelecer uma relação consciente com um totem, ele se torna seu aliado. Os totens são mensageiros, médicos e protetores poderosos, e trazem grandes benefícios para aqueles que desenvolvem e preservam essas relações.

A comunicação com divindades, totens ou arquétipos é adquirida por ressonância, com base na congruência que há entre nós e seres de outras dimensões. A música de nossas próprias vibrações, o acorde que geramos através do nosso ser, se harmoniza com o campo do ser com que buscamos uma conexão e depois se junta a ela por um momento. É nessa ressonância que ocorre a troca de informações. O próprio momento existe num domínio sem tempo e infinito, fora de nossa estrutura "normal" e costumeira de realidade.

Tal comunicação se dá através de nossos vários mecanismos sensoriais e pode incluir o "olho da mente" e a imaginação. De vez em quando, você terá a oportunidade de viver uma fusão com um totem. Entrar na consciência desse ser é como pôr sua máscara ou identidade. É como se você se vestisse com o corpo de seu aliado ou se fundisse com ele, de modo a enxergar através de seus olhos — alcançando o privilégio da visão de mundo exclusiva daquele ser. Ao viajar com a Águia, por exemplo, é possível voar muito alto, obtendo uma visão mais elevada da situação que se está observando. Você também pode beneficiar-se da agudeza de visão, que permite à águia enxergar com muita clareza de uma grande distância.

Cada totem proporciona qualidades e atributos específicos que compartilhamos em *Meditações dos Animais de Poder*. Ao trabalhar com os totens com os quais tem mais afinidade, você descobrirá mais sobre eles e seus dons singulares. A alquimia do Caldeirão é feita para prepará-lo para que o resultado seja amparo e compartilhamento mútuos, quando você chegar a esse tipo de união.

Nas viagens, a conexão é feita muitas vezes por contato visual. Descobri que a expressão de mensagens que vêm do centro do coração também ajuda a fortalecer a conexão. Através do elo que se estabelece, os totens se tornam nossos aliados — podemos trabalhar juntos como amigos.

Os aliados se expressam por meio de "campos morfogenéticos" pertencentes às suas espécies. O campo — assim denominado pelo biólogo Rupert Sheldrake — envolve cada membro da espécie e o liga ao Ser Superior, o "supra-ser" ou energia totêmica da espécie. Há, por exemplo, a Águia arquetípica e as águias individuais. Cada uma delas se alimenta do campo morfogenético que contém o histórico coletivo da espécie das águias. Hoje, há evidências na Física Quântica que apóiam a seguinte descoberta: cada espécie, geração após geração, aprende pela experiência e esse conhecimento é armazenado no campo morfogenético para uso das gerações futuras.

Com divindades, totens e arquétipos como guardiões e guias, *Meditações dos Animais de Poder* apresenta um método que permite a você alcançar a consciência coletiva — onde todos os aspectos da criação se inter-relacionam — através do subconsciente e trazer à superfície tudo o que precisa ou deseja para o passo seguinte do seu crescimento. Se sua intenção for clara e pura, o resultado será a melhor mensagem, a melhor lição ou a melhor experiência para o momento. A melhor maneira de se preparar é encher-se de gratidão pelas muitas bênçãos da vida — pois um coração repleto de gratidão projeta uma luz radiante ao longo do caminho.

COMO USAR ESTE LIVRO

Este livro foi feito para ser posto em prática. É um instrumento que pode ser usado por todo mundo, permitindo a cada um exercer o próprio poder. Isso representa uma mudança, depois de séculos de poder concedido a seres e ídolos externos ao eu. Muitas das viagens são verdadeiras iniciações, ritos de passagem que podem alterar a percepção da realidade.

Para obter melhores resultados, crie um espaço especial para trabalhar. Preparar esse espaço é como limpar a casa para receber visitas, tornando-a confortável e livre de ansiedades e distrações. Fazer uma fumigação com sálvia ou cedro (se preferir, use incenso) ajuda a limpar o ambiente de energias inadequadas. Para isso, ponha folhas de cedro ou sálvia numa concha de abalone ou outro recipiente não inflamável e queime-as, produzindo uma fumaça purificadora. É importante deixar uma porta ou janela parcialmente aberta durante a fumigação para que as energias indesejáveis tenham por onde sair. Em muitas tribos norte-americanas, os nativos fumigam um ao outro e também os espaços e utensílios sagrados.

Flores, velas e outros detalhes, quando intencionalmente situados, emprestam sacralidade ao ambiente. Não complique esse processo já que, nesta prática, a paisagem mais importante é *a interior*. O ambiente e o cenário, no entanto, têm que ser tranqüilos, permitindo que você fique à vontade e consiga afastar as preocupações e ansiedades da realidade exterior em prol das ricas possibilidades do mundo interior do espírito.

A alquimia é um processo de transmutação, usado abertamente pelos antigos para transformar metais inferiores em ouro e criar o elixir da vida. Nas viagens de *Meditações dos Animais de Poder*, cada um de nós é o vaso, o atanor alquímico em que se misturam os elementos da vida e ocorre a transmutação, alterando nosso estado de consciência para que possamos perceber nos domínios espirituais. A alquimia do Caldeirão é uma forma ativa de meditação. Não há nenhum pré-requisito além da intenção transparente e da capacidade para prestar atenção. A atenção é a moeda dos reinos — e você tem que pagar para receber! É melhor evitar as distrações e treinar para aceitar os ruídos externos ou interrupções inevitáveis como parte do roteiro de viagem.

Cada um tem seu modo singular de obter informações. Algumas pessoas são visuais, enquanto outras são auditivas, cinestésicas ou empáticas. Algumas simplesmente "sabem". Já conheci terapeutas capazes de fazer diagnósticos através do olfato. A cultura tecnológica moderna dá ênfase a processos visuais e auditivos, acabando por atrofiar algumas de nossas habilidades psíquicas. Mas a sensibilidade interior pode ser desenvolvida, embora nossas preconcepções e preconcicionamentos sejam um obstáculo.

A saraivada constante de estímulos que vêm da televisão reforça a idéia de que a imagem e o som são nossas principais vias receptoras. E, em geral, parece que de fato é assim, embora isso possa ser o resultado do nosso estilo de vida atual, que permite a deterioração da sensibilidade psíquica.

Quase todas as pessoas que estudam comigo são naturalmente visuais. Muitas são auditivas ou pelo menos têm consciência dessa capacidade. Muitas sentem que as palavras usadas para orientar as viagens catalisam sentimentos ou trazem emoções à tona. Igualmente eficaz, mas bem mais difícil de validar, é o "saber". Quem sabe está sempre tentando explicar *como* sabe, o que é muito difícil de enunciar — embora seja essa a maneira mais direta, pois não há separação entre aquele que sabe e o objeto de seu saber. Eu sei — também sou assim.

Aqui, o que importa é ficar à vontade com a sua maneira de experimentar as viagens, seja ela qual for. Deixe que sua forma básica de percepção floresça, mas abra sua consciência para os outros sentidos interiores.

Vale observar que, para alguns, pode aparecer um outro ser em vez de Thoth. É importante ficar à vontade com quem venha desempenhar esse papel, seja quem for. Portanto, não force. Além disso, você vai perceber que as viagens, depois de começadas, adquirem vida própria e seguem um roteiro diferente daquele que escrevi. Em geral, é melhor seguir o que está sendo oferecido nessas ocasiões e permitir que minhas palavras catalisem a experiência que quer vir até você naquele momento.

Além disso, em outros momentos, você perceberá que o Caldeirão que está visualizando não é de ouro. Ele pode ser de argila, ferro, prata, cobre ou alguma outra substância. É importante tomar nota do material de que seu Caldeirão é feito: ele pode mudar e você, com sua intenção, pode transformá-lo.

Como Usar Este Livro

Alguns animais são masculinos e outros femininos, como você verá. Optei pelo gênero da entidade que veio até mim durante a viagem. O seu pode ser diferente. Em geral, isso não importa.

Muitas pessoas perguntam: "Estou inventando isso tudo?" Muitas vezes é o que parece. A imaginação é a varinha de condão do mago. Ela trabalha junto com a vontade e precede todas as formas de criação. Todos nós temos a faculdade da discriminação, que pode ser desenvolvida para distinguir entre aquilo que percebemos como nosso, nossa "I-Magi(a)-Nação", e aquilo que sabemos como "outro".

Estas viagens funcionam melhor quando as percepções de outras dimensões, dos reinos espirituais, assumem o controle — mas não esqueça que tudo é parte de você. Você pode objetivar uma imagem simbólica de algum aspecto de si mesmo e situá-la fora de si mesmo para ter uma interação significativa. Ela vem em trajes identificáveis, em geral culturalmente agradáveis. Essa objetivação é mais ou menos consciente e facilita a relação com o evento ou mensagem que ocorre.

Os atributos mencionados na introdução a cada aliado representam os desejos de cada totem com relação a este trabalho. Outras fontes podem sugerir outras qualidades e características igualmente válidas, pois se trata de seres complexos que têm muito a oferecer. Essas outras possibilidades você poderá explorar em viagens subseqüentes.

É importante seguir a alquimia do Caldeirão sempre que fizer uma viagem, pelo menos até que Thoth ou seu espírito guardião esteja instantaneamente acessível. Mesmo quando seus guias já estão à sua disposição, é importante seguir alguns passos: firmar-se no chão, centralizar-se, alimentar a chama interior e mexer o Caldeirão. Você só precisa receber o ovo negro-púrpura e a coroa *uma vez*, embora não faça mal repetir. Ao fim de cada viagem, é obrigatório firmar-se fisicamente no chão. Descubra alguma sensação que o avise de que está de volta ao corpo: sentir os pés no chão ou o peito se expandindo e se retraindo com a respiração.

A finalidade da alquimia é ajudá-lo a transportar seu foco para o rico domínio da consciência coletiva, que é o reino das divindades e dos animais totêmicos. Para muitas pessoas, ela é como uma experiência fora do corpo, enquanto para outras é uma alteração de consciência, muito semelhante a uma mudança de estação de rádio. Qualquer uma dessas maneiras funciona e irá levá-lo para onde for preciso.

Quando você estiver mais confiante e quiser explorar mais, peça a Thoth para apresentá-lo a outras divindades e totens que tenham algum interesse especial para você. Estas páginas contêm apenas uma amostra da riqueza do Caldeirão.

As viagens são feitas de modo a levá-lo enquanto você lê. Se for difícil chegar a uma sintonia profunda ao ler, peça a um amigo que leia para você em voz alta. Peça-lhe para ensaiar primeiro, de maneira a se acostumar com o ritmo. Outra possibilidade é gravar a viagem em fita e ouvi-la.

Em geral, as pausas nas viagens são identificadas por reticências (...). Quando necessário, acrescentei instruções em itálico. *"Pausa"* designa uma pausa mais longa do que o normal, uma pausa que abrange mais atividade ou interação. Recomendo que você complete cada etapa da viagem, leve o tempo que levar. Por isso, é melhor ler uma ou duas vezes a viagem inteira, de forma a assimilar a sensação e o ritmo antes de iniciá-la, especialmente se estiver lendo para outras pessoas.

É sempre melhor ler a introdução *antes* de começar uma viagem para garantir uma experiência mais eficaz. Algumas viagens são bastante complexas e outras podem ser assustadoras para os principiantes. As mudanças e transformações que este trabalho possibilita nem sempre são fáceis. As viagens que exigem mais preparação ou determinação são acompanhadas de notas na introdução.

Ao final de cada viagem, você tem a oportunidade de presentear ou fazer uma oferenda ao ser que trabalhou com você. Não se trata de uma troca, embora as pessoas se sintam melhor quando podem dar alguma coisa em troca em suas amizades. Confie em sua intuição — você saberá o que dar. Em geral há uma mensagem no presente, que pode ser mais uma chave para desvendar a experiência ou uma informação específica sobre aquela viagem.

As viagens de *Meditações dos Animais de Poder* são ideais para trabalho em grupo, círculos de cura e outras ocasiões em que as pessoas se reúnem. Os membros do grupo podem se revezar na liderança pelos caminhos do Caldeirão. Compartilhar experiências é muito importante. É compartilhando que se descobre as sincronicidades. Muitas vezes, alguém compartilha um evento visionário único e descobre que outras três pessoas do círculo tiveram experiências quase idênticas. Ouvir as experiências dos outros contribui para a interpretação pessoal.

Recomendo começar com a primeira viagem para entrar em contato com Thoth e expressar suas intenções. Depois, prossiga conforme suas necessidades. Você pode começar no início e ir avançando na ordem apresentada ou, se algumas questões forem especialmente relevantes em sua vida, pode experimentar as viagens que tenham relação mais próxima com essas questões. Talvez você tenha afinidade com algum animal, que pode até ter entrado em seus sonhos. Talvez você se sinta mais à vontade para experimentá-lo, porque ele já fez um apelo a você. E pode também simplesmente abrir o livro e ver o que acontece.

Meditações dos Animais de Poder funciona também como um oráculo. Focalize sua intenção para tornar a pergunta sucinta. Para usar esta ferramenta, basta estar calmo, confiar e buscar o ponto de verdade em seus desejos e necessidades. Você pode então compor sua pergunta e procurar o totem com mais condições de tratar do assunto em questão.

Sempre que voltar a uma viagem, os resultados serão únicos. É bom fazer um diário de suas experiências, pois muitas vezes você receberá uma lembrança, um vislumbre de conhecimento ou um símbolo que só será compreendido claramente muitas viagens mais tarde, ao ser explicado ou visto num contexto diferente.

A finalidade de *Meditações dos Animais de Poder* é curar. Não há outra finalidade. É um livro feito para ajudar a todos num momento do tempo em que precisamos nos ajudar uns aos outros e a nós mesmos. O motivo para usar a alquimia do Caldeirão é retomar o contato com nosso amor, com nossa relação com todas as formas de vida e com o planeta em que vivemos. Essa é a chave para usar este livro.

Thoth

O princípio dominante em *Meditações dos Animais de Poder*, pelo bem da segurança e da ordem, é Thoth (Tahuti), o deus egípcio da sabedoria, da linguagem, da comunicação, da cura, da ciência e muito mais. Ele é o arquiteto de tudo o que acontece aqui, o fundamento deste trabalho.

No Egito, Thoth foi também o escriba dos deuses, aquele que tudo registra. Era conhecido entre os gregos como Hermes e entre os romanos como Mercúrio, o mensageiro dos deuses. Seu símbolo é o caduceu — o cetro da vida, com duas serpentes enroladas e asas no topo —, que expressa equilíbrio nos domínios espiritual e terreno. Para os egípcios, Thoth representava o mais alto conceito da mente. Assim sendo, é preciso ir além de Thoth para operar nos recônditos intuitivos da psique, a que se tem acesso através do Caldeirão. Além de guardar esses domínios, ele é o próprio portal, conduzindo-o para dentro e para fora das suas experiências, a interface entre as aventuras de *Meditações dos Animais de Poder* e sua vida cotidiana.

Todos os que desejam conhecer os princípios subjacentes da criação, os verdadeiros buscadores da sabedoria e do conhecimento, acabam usando o conceito de Thoth de alguma forma. Ele é o grande mestre do mundo, que guia o viajante espiritual à fonte do conhecimento e da informação. É ele também que cuida do seu corpo quando você viaja usando a alquimia do Caldeirão, e proporciona um ponto de referência e sábios conselhos, caso você tenha problemas ou dúvidas durante as viagens.

Meu primeiro encontro consciente com Thoth foi parte de um processo de transmissão, durante uma viagem semelhante às deste livro. Fui levada à presença de um conselho do panteão egípcio para ser escolhida por aquele que, daí em diante, seria meu mentor e mestre. Thoth se adiantou, mas eu levei algum tempo para entender que trabalhar diretamente com ele me traria muitas bênçãos. Para mim, é uma honra e um privilégio transmitir aquela introdução aos que entram em contato com este livro.

Thoth é retratado, na maioria das vezes, com uma cabeça de íbis sobre um corpo de homem, embora apareça também como homem ou como íbis. O íbis é um pássaro dos pântanos, parente do grou. Na Antigüidade, era um pássaro prolífico das margens do rio Nilo, alimentando-se dos peixes que viviam entre os papiros, os altos e graciosos juncos de que se fazia papel. O peixe é um antigo símbolo de sabedoria e pode-se aprender muito observando a maneira do íbis caçar. Ele se apóia numa perna só durante muito tempo e, de vez em quando, ergue uma das asas para criar uma sombra que lhe permita enxergar melhor dentro d'água.

O babuíno com cabeça de cão é uma outra imagem de Thoth. Nessa forma, ele é representado sentado na balança onde se pesa o coração dos mortos nos ritos funerários egípcios. Uma outra expressão de Thoth, muito poderosa embora menos comum, é a Naja, que conserva a sabedoria da Terra e os domínios do subconsciente. Através dela, Thoth me mostrou vários ritos de passagem.

Eu acrescentaria que Thoth, associado ao elemento ar por ser pássaro, é um ser de grande humor. Não se surpreenda se ele fizer troça do trabalho para que você fique mais à vontade. Nem sempre as coisas precisam ser sérias para ser produtivas e Thoth é mestre em criar experiências interessantes, mas significativas, que lhe permitam encontrar o conhecimento e a informação que procura. Ele é também o mutante supremo, o mestre dos disfarces. Quando estiver familiarizado com a vibração que lhe é própria, você perceberá quando e como ele está brincando com você.

Se Thoth, como ser ou conceito, o deixar inquieto, sua função pode ser preenchida por uma imagem que se harmonize melhor com seus desejos e necessidades pessoais. Em geral essa imagem aparece automaticamente. Se aparecer um outro ser ou entidade no lugar de Thoth, quando você fizer a alquimia, esse será o seu espírito-guia e ocupará o lugar do guardião no trabalho do Caldeirão. Às vezes isso acontece espontaneamente, quando há um guia específico disposto a servi-lo. Para evitar confusão, vou me referir ao ser que desempenha essa função como Thoth.

De vez em quando, aparecem outros membros do panteão egípcio, como Hórus, o deus com cabeça de falcão (ver a viagem do Falcão), ou Anúbis, o deus-chacal (ver a viagem do Chacal). Anúbis, e quem se relaciona com ele, tem um poder especial com relação à natureza transformadora deste trabalho. Isso é algo que não se deve desprezar, pois indica uma conexão com níveis profundos de cura e possivelmente com outros aspectos obscuros. Hórus também é um guia poderoso, arrojado e brilhante como o Sol que ilumina o dia, embora seja normalmente menos brincalhão do que Thoth. Quando um guia diferente, mas reconhecível, se apresentar, procure descobrir o que você pode fazer com relação àquela pessoa ou animal.

Thoth gostaria de ser reconhecido e aceito na forma de íbis, de homem ou nas outras formas apresentadas neste livro. Para quem não gosta de imagens masculinas, esclareço que se trata de um ser que serve à Deusa. Ele é o Senhor da Lua e, em certo sentido, o hermafrodita primordial. Como tal, ele é perfeitamente equilibrado e capaz de preservar sua androginia.

Cada vez que você fizer uma viagem, é importante recapitular a experiência com Thoth para chegar a uma compreensão e a uma interpretação mais profundas. É bom fazer anotações escritas. Recomendo que faça um diário de suas experiências com o material contido neste livro. Você vai descobrir que certas mensagens ou informações ficam mais claras nas viagens posteriores.

A primeira parte de cada viagem é a alquimia, que o leva à presença de Thoth. Depois da primeira viagem, você pode optar pela forma abreviada apresentada no capítulo "Alquimia Abreviada". Se preferir, pode repetir a alquimia completa quantas vezes quiser.

Em sua primeira viagem, dirija-se a Thoth para começar a desenvolver a certeza de que ele estará presente em todas as suas viagens. À medida que tiver mais confiança nas viagens e em sua relação com Thoth, você vai entender melhor a alquimia e seu funcionamento. Thoth é a tampa hermética do Caldeirão, que retém seu conteúdo de modo que nada se perca. Ele é também o intérprete. Sempre que surgir uma dúvida durante a viagem, ele estará lá para esclarecê-la. À medida que sua relação com Thoth for se desenvolvendo, você desenvolverá também um método pessoal para usar *Meditações dos Animais de Poder*.

É provável que o seu comprometimento com estes ensinamentos mude com o tempo. Viaje até Thoth quantas vezes quiser para reiterar seu comprometimento ou fazer as perguntas que precisar.

Alquimia e Iniciação

[*A alquimia o leva à presença de Thoth. Você o saúda e a viagem começa...*]
Feche os olhos, relaxe e respire fundo. Inspire pela base das costas, enchendo a barriga, e expire pelo cóccix, para dentro da terra, aprofundando a ligação com a Terra, firmando-se no chão e centralizando-se em preparação para as viagens por domínios além do espaço, além do tempo... Sinta os ciclos da respiração. Sinta o corpo se abrindo para novos níveis de sensibilidade...

Posicione as mãos à sua frente, com as palmas viradas para cima, para receber um presente. É um ovo púrpura e negro, salpicado de ouro, que desce das alturas e pousa suavemente nas palmas de suas mãos. Sinta o tamanho, o peso, a consistência. É um ovo etérico, um ovo de criação. Quando estiver seguro da presença do ovo, leve-o para dentro do abdômen, como se o seu abdômen fosse um útero esperando para receber e alimentar esse ovo que lhe foi dado.

Focalize a atenção no centro do coração. Olhe bem no fundo, até encontrar a chama eterna da vida que arde dentro de você. Concentrando-se na chama interior do coração, envie-lhe amor para fazê-la crescer e *sinta* o calor e a luz que dela irradiam, expandindo e iluminando todo o seu ser...

Leve a atenção para o topo da cabeça. Há uma coroa pousada suavemente ali, em volta do chakra coronal, no topo da sua cabeça. Observe do que ela é feita. Essa coroa indica o poder que você está recebendo e provê o portal por onde a consciência viaja para fora do corpo e a ele retorna.

Olhe mais uma vez para ver e sentir o ovo no interior do útero do seu ser. A casca foi absorvida pelas paredes abdominais, revelando o Caldeirão de Ouro que havia dentro dele. Esse Caldeirão é a fonte da vida e da sabedoria. Sinta como ele se expande e ocupa todo o seu abdômen...

Comece a mexer as águas da vida em seu Caldeirão. Quando você mexe essas águas, é gerado um som, como o timbre de um sino tibetano ou de uma taça de cristal — a freqüência e a vibração do ouro, que ressoa através do seu ser. Entre em sintonia com esse som...

Você continua a mexer o conteúdo do Caldeirão e as águas começam a subir. As águas sobem até entrar em contato com a chama em seu coração. Ouvem-se silvos e estalidos quando a água atinge o fogo e se converte em vapor... O vapor vai subindo pela garganta, que é a porta para os domínios xamânicos, e começa a encher sua cabeça. Deixe que a consciência se eleve com o vapor. Deixe que ela se funda ao vapor na sua cabeça. Focalize a atenção e a consciência dentro do vapor e, quando a pressão aumentar, o vapor vai erguer sua consciência para fora do corpo, através da coroa...

Quando passar pela coroa, olhe para a esquerda e verá Thoth, o ser que é seu guia e guardião nas viagens do Caldeirão. Cumprimente esse ser com respeito...

Ao olhá-lo nos olhos, permita-se sentir uma ligação com Thoth, qualquer que seja ela...

Thoth pergunta: "Por que você está aqui?"

Talvez você sinta o coração e a mente se abrindo, enquanto as perguntas e pensamentos há tanto tempo guardados começam a vir para a superfície. Pode ser que você se surpreenda com a intensidade de sua emoção quando as perguntas e respostas forem sendo formuladas. Fique atento às respostas que receber de Thoth... [*Longa pausa.*]

Thoth vai lhe perguntar se é esse o caminho que você escolheu nesse momento da vida... [*Pausa.*] Agora, ele vai levá-lo numa viagem para que você tenha um vislumbre das possibilidades do Caldeirão e da ajuda que está à sua disposição interiormente... [*Longa pausa.*]

Quando voltar dessa parte da viagem, é possível que comece a perceber que, ao escolher este trabalho, você escolheu dar poder a si mesmo.

Se tiver perguntas a fazer, faça... [*Pausa.*]

Leve o tempo que for necessário para concluir, por ora, sua interação com Thoth... Não deixe de expressar sua gratidão. Um simples "obrigado" é suficiente...

Thoth o ajudará a retornar à consciência comum através da porta que é sua coroa...

Não deixe de se firmar no chão e de se centralizar, usando a respiração. Inspire pela base das costas e expire pelo cóccix, para dentro da terra. Certifique-se de ter voltado à forma física antes de abrir os olhos...

ALQUIMIA ABREVIADA

A alquimia do Caldeirão é o processo pelo qual você altera seu estado de consciência para perceber nos reinos do espírito. É recomendável começar com a primeira iniciação, que o leva até Thoth, e depois continuar com a viagem até a Velha.

À exceção de sua primeira experiência com a alquimia do Caldeirão, você pode praticar a seguinte versão abreviada:

Firme-se no chão e centralize-se, usando a respiração para encher a barriga na inspiração e depois expirar para baixo, pelo cóccix, para se ligar com a terra...

Volte a atenção para a chama do coração, enviando-lhe amor para fazê-la crescer e espalhar sua radiância por todo o seu ser, tornando-o repleto de calor e luz...

Mexa as águas do Caldeirão de Ouro, entrando em sintonia com o som vibratório. Observe as águas se levantando rumo à chama do seu coração e sinta a conversão quando a água atinge o fogo e se transforma em vapor...

O vapor sobe, abrindo a passagem xamânica em sua garganta e enchendo sua cabeça. Ponha toda a sua atenção no vapor, concentrando-se na cabeça: ele leva a consciência para cima, através da coroa, em direção ao seu corpo de luz...

Thoth está sempre à sua esquerda...

[*Continue a viagem.*]

Continuando a praticar, torna-se mais rápido e mais fácil entrar em contato com Thoth, até que ele esteja a uma inspiração de distância. Mesmo quando o acesso for constante, lembre-se de se firmar no chão, de se centralizar e de alimentar a chama do coração, bem como de voltar a uma ligação sólida com este plano, com esta realidade física, no final de cada viagem.

Parte II
Viagens Fundamentais

Estas viagens constituem a base de *Meditações dos Animais de Poder*. Elas ajudam a estabelecer sua relação com este trabalho, lançando os alicerces e estabelecendo hábitos de viagem que lhe permitirão ir além em algumas das outras seções. É aqui que a relação com seu guia principal começa a se desenvolver.

Abutre e Velha
Sabedoria Intuitiva

Os primeiros ensinamentos do Caldeirão de Ouro são ministrados pelo Abutre e pela Velha, que representam a nossa parte sábia e primordial, que é feminina. Através do Caldeirão, vamos fundo em nossa psique e interagimos diretamente com esse antigo arquétipo feminino. Ela é parte de cada um de nós, independentemente de gênero, e nos ajuda a chegar a uma compreensão mais profunda de nós mesmos e dos caminhos da natureza.

O Abutre é altamente respeitado no Egito. Um de seus aspectos, a deusa Mut, teria gerado a si mesma e é uma das mais antigas imagens de deusa. Pensava-se que todos os abutres eram fêmeas, e há imagens de abutres sobre a cabeça de muitas deusas, assim como na coroa do faraó, onde o abutre representa o Alto Egito. O Abutre sabe quando você está realmente disposto a mudar, pois observa e espera pacientemente. Quando chega a hora, ele vê a morte do que é velho e o devora, para que possa nascer outra vez sob nova forma.

Na viagem que se segue, é Mut, a deusa-abutre, que o leva a seu templo, o ventre da Terra, onde você se encontrará com sua sacerdotisa, a Velha. É essa Velha, seu aspecto sábio e feminino, que abre seu terceiro olho e começa a instruí-lo nos caminhos da intuição, das ervas e da cura.

A Velha é a guardiã do depósito de ervas e você pode sempre recorrer a ela para aprender mais sobre as ervas e seus usos. Ela vai apresentá-lo a novas plantas aliadas ou lembrá-lo de plantas amigas que talvez, no momento, sejam necessárias na sua vida. Se você não conhecer as ervas que ela lhe mostrar, consulte um livro sobre ervas para maiores informações.

Visite a Velha com freqüência para obter uma compreensão mais profunda de sua natureza feminina. Fazer essa viagem durante a lua cheia é especialmente auspicioso.

A Viagem do Abutre e da Velha

[*Faça a alquimia do Caldeirão...*]
Thoth aponta seu caduceu e, na direção indicada, há um abutre resplandecente. É a antiga deusa Mut, a mãe de tudo, nobre de caráter e estatura. É a Mãe primordial do panteão egípcio. Mut o levanta delicadamente e o leva, voando, pelas exuberantes paisagens da Mãe Terra. Planando pelas correntes de vento, observe a paisagem lá embaixo...

Mut o está levando ao seu templo secreto. A entrada está oculta, coberta por uma viçosa folhagem, mas uma água cristalina indica onde está a estreita abertura. Ela desce com você e entra terra adentro pelo escuro corredor. Penetrando profundamente na terra, ela o deposita no fundo de uma caverna, o ventre da Mãe Terra...

Mut aponta para o teto e a caverna se ilumina com um brilho suave e tépido, que lhe permite enxergar à sua volta. Observe os detalhes desse lugar, desse ventre. Com o que ele se parece, que sensação transmite? Quais são suas cores e texturas? Abra todos os sentidos. Ouça os sons...

Você vai ouvir o som de água corrente vindo de um vão por onde a água flui suavemente, vinda das paredes da caverna. Você tem que se limpar e se purificar nessas águas sagradas, preparando-se para o próximo estágio da sua viagem...

Quando terminar o ritual de limpeza, tendo se purificado nas águas correntes, você vai ver um manto ou roupão limpo para vestir...

Volte para a parte principal da caverna. Lá você vai encontrar a Velha, a encarnação da sabedoria divina. Essa velha sábia é sacerdotisa de Mut há milhares de anos, e mesmo assim há algo de familiar nela. Ela está muito feliz por você ter feito essa viagem...

A Velha começa fazendo um círculo de cristais no centro da caverna. A cada cristal que ela acrescenta a caverna se ilumina, até que se forma um círculo sagrado de luzes de cristal. Com um gesto, ela o chama para o centro do círculo. O chão se agita sob seus pés, mas você percebe que consegue manter o equilíbrio.

Você pára diante da Velha e, de uma dobra do manto, ela tira uma pedra mágica. Essa pedra é o remédio universal, a Pedra da Cura que contém todo o conhecimento da Terra e a história dela. É a sua experiência que vai lhe revelar a natureza dessa pedra. A Velha lhe mostra a pedra e então a põe em seu terceiro olho, no centro da testa. Sinta a pedra entrando e começando a despertar velhas lembranças e um conhecimento há muito esquecido... [*Pausa*.]

Abutre e Velha

Agora, a Velha o presenteia com uma erva, que é uma planta de poder. Pode ser que ela lhe dê a planta inteira ou só uma parte — uma flor, uma folha, uma raiz... Pegue a planta e a essência dela vai lhe passar a consciência de sua natureza. Essa consciência permeia seu ser e você a sente em todas as células de corpo. Você sente e compreende seu poder. Você experimenta sua fragrância e sua boca é invadida pelo sabor de sua nova aliada. Você saberá como e quando usar essa erva para curar a si mesmo ou os outros...

Como prova de gratidão pelos presentes que a Velha lhe deu, faça-lhe uma oferenda. Você pode escolher um aspecto seu, de seu ser físico ou caráter, como um presente para ajudá-la em seu trabalho...

A Velha tem uma instrução ou iniciação especial para você, conforme sua disposição e comprometimento pessoal no momento. Receba o que ela lhe oferece... [*Longa pausa.*]

Quando o encontro com a Velha terminar, basta olhá-la no fundo dos olhos para recuperar o contato com as vibrações da deusa-abutre Mut — e alçar vôo desse templo sagrado. Voando por sobre a rica variedade de paisagens da Terra, olhe para baixo e observe qualquer mudança em sua percepção...

Retorne ao portal onde Thoth o espera. Ele protegeu seu corpo enquanto você viajava. Pare um momento para conversar com ele sobre suas experiências ou para fazer quaisquer perguntas que tenham surgido durante a viagem... [*Pausa.*]

Thoth lhe mostrará como voltar ao corpo através da coroa... Sinta o contato com o corpo físico. É hora de se firmar no chão, de se centralizar e de sentir que está solidamente dentro do corpo... Quando estiver pronto, abra os olhos.

ÁRVORE
Enraizamento

A árvore da vida é um símbolo antigo e universal, que representa e incorpora a totalidade dos ciclos da vida. Ela oferece um modelo perfeito de nossos três aspectos básicos que, na tradição huna dos polinésios, são o Eu Superior, o Eu Intermediário e o Eu Inferior ou Oculto. O Eu Superior é nosso supra-ser ou ser-matriz, que está ligado ao Eu Superior de todos os outros seres. Metaforicamente, pode ser expresso como a copa da árvore, que se lança às alturas do espírito, para além dos limites das restrições físicas. O tronco é o Eu Intermediário, racional e pensante. Equivale à única parte de nós que se imagina separada. Mesmo quando as copas das árvores se misturam, os troncos são vistos como indivíduos. O sistema de raízes, oculto sob a superfície da terra, nos dá suporte e sustentação e corresponde ao Eu Inferior, ou mente subconsciente, onde nossa história e nossas lembranças são armazenadas e de onde provêm nossos poderes intuitivos.

Alguma vez você já caminhou numa floresta, num parque da cidade ou até mesmo no seu quintal, e conversou com as árvores? A sabedoria das árvores desafia as explicações. Quando você estiver triste, abrace uma árvore que ela vai compartilhar da sua tristeza, fazendo com que você se sinta melhor.

Há uma técnica que sempre ensino em minhas aulas de cura: depois de saudar uma árvore e estabelecer uma relação com ela, peça a ela que o ajude a se curar ou a se equilibrar emocionalmente. É importante pedir, embora eu nunca tenha encontrado uma árvore que não me atendesse. Em seguida, ponha as duas mãos na superfície do tronco e deixe que a árvore retire sua dor, sua raiva ou sua tristeza. Você vai sentir quando a árvore começar a extrair a energia indesejável de você, como se a puxasse, até conseguir o alívio pretendido. Ao usar essa técnica, é muito importante que você esteja aberto para receber a luz que vai invadi-lo e substituir a energia transmitida à árvore. Por isso, quando começar a se sentir aliviado, peça que um raio de luz seja gerado dentro de você. Não esqueça de deixar uma oferenda para a árvore, mesmo que você tenha apenas as águas do corpo.

As árvores proporcionam uma grande oportunidade de enraizamento. Quando o rumo da vida estiver indefinido, quando os ventos da mudança ou do caos estiverem soprando à sua volta, entre na imagem de sua árvore e penetre com as raízes na terra para se sentir estável e seguro dentro de si. Suas raízes vão penetrar na terra quanto você quiser.

A viagem a seguir pode ser feita muitas vezes, com várias opções de experimentação e mudança, de modo que, além de se enraizar, você possa obter cura e informação sobre si mesmo. Preste atenção na saúde de sua árvore, na vibração de suas cores e na sua maneira de se pôr no mundo. Perceba a estação do ano, a hora do dia ou da noite e qualquer outra indicação significativa. Você verá que certos aspectos seus se intensificam na medida em que você trabalha com a imagem de seu corpo arbóreo.

As meditações da árvore se prestam à energia grupal. Círculos de árvores podem ter sido os primeiros templos, antes mesmo que se construíssem os círculos de pedra. Faça um círculo humano que imite um bosque e perceba como suas raízes se entrelaçam às raízes das outras árvores do grupo, proporcionando sustentação umas às outras. As pessoas poderão entrar no centro do círculo sagrado de árvores para rezar ou receber orientação e cura. Se fizer parte de um círculo permanente, você pode criar um círculo de poder. Os membros de um tal círculo podem recorrer a ele a qualquer momento, em busca de cura, rejuvenescimento ou simplesmente apoio durante um período difícil.

A Viagem da Árvore

[*Primeiro faça a alquimia do Caldeirão...*]
Thoth o leva a um grupo de árvores numa floresta, ou a um lugar onde exista uma árvore com que você tenha afinidade. Ao olhar para essa árvore, perceba que você consegue ler sua história no modo como ela se mantém em pé. Perceba a estação do ano e a parte do ciclo anual de crescimento em que ela está. Que tipo de árvore é essa? É uma perenifólia ou uma caducifólia? Sua árvore é solitária ou faz parte de um bosque, de um pomar ou de uma floresta densa? Deixe que os detalhes do ambiente entrem em foco para que você possa ouvir e sentir, além de ver, as imagens do cenário...

Diante dessa árvore, reserve alguns instantes para saudá-la e compartilhar a respiração. A palavra havaiana *aloha* significa "olá", "amor" e "com-

Árvore

partilhar a respiração". Nesse ato há também uma reverência à nossa relação simbiótica com as árvores, especialmente com relação ao ciclo do oxigênio...Estenda os braços e toque o tronco, as folhas ou os espinhos, se houver. Sinta a textura. Agora chegue mais perto e abrace a árvore, sinta-se misturar a ela, transforme-se nela...

Sua consciência se expande e preenche o contorno da árvore. A qualidade vibracional se modifica quando você começa a ver o mundo da perspectiva dessa árvore. Perceba que você se lança para o mundo com seus galhos e que as raízes penetram fundo na terra para sustentá-lo.

Deixe a consciência entrar no sistema de raízes e percorrê-lo, percebendo como as raízes mais superficiais se espalham para fortalecer seus alicerces. Siga as raízes profundas por baixo da terra, seguindo em meio aos obstáculos que aparecem ao longo do caminho. Observe as diversas camadas, as pedras e minerais e as variadas texturas debaixo do solo. Pode ser que veja alguns cristais, brilhando e iluminando o caminho na medida em que o terreno se torna mais denso, mais escuro...

A terra fica úmida quando você se aproxima de uma nascente. Vá até os fios de água para trazer essa fonte de vida a todo o seu sistema de raízes. Sinta-se encher com as águas da vida, impelindo-as, ao mesmo tempo, para cima. Ela sobe por suas raízes, seguindo o caminho contrário ao que você trilhou, diretamente para o ponto onde seu tronco emerge do solo. Deixe a consciência subir com a umidade, passando pelo tronco até os pontos mais altos e continuando pelos ramos e galhos até as folhas, os espinhos...

Desse novo e privilegiado ponto de vista, sinta a vibração de sua árvore. Uma brisa percorre o bosque e circula à sua volta. Dance com o vento. Ouça sua música. Perceba como as árvores se comunicam com o ambiente... Permita-se viver o processo de fotossíntese enquanto o sol brilha sobre suas partes verdes...

Traga a atenção para o tronco, centralizando-se no equilíbrio perfeito entre força e flexibilidade que ajuda a sustentá-lo durante as tempestades que assolam o bosque de tempos em tempos...

Mantenha esse senso de perfeito equilíbrio quando sair da árvore e voltar à forma humana. Thoth está a seu lado para compartilhar a experiência. Perceba que sua amiga árvore está mais saudável e cheia de vida depois desse encontro com você. Deixe um presente para a sua árvore antes de voltar...

Thoth vai guiá-lo na volta ao corpo através da coroa. Não se esqueça de fazer um pouco de respiração para se firmar no chão e ter a certeza de que estará plenamente centralizado em sua forma física antes de abrir os olhos...

Rosa
Perfeição do Eu/ Abertura do Coração

Rainha indiscutível das flores, a rosa é de uma beleza sem par, útil na medicina e apreciada pelo perfume e delicado sabor. Na Idade Média, os rosários eram feitos de pétalas de rosa comprimidas.

Menos comum é a associação da rosa com a morte. Os cemitérios da Suíça são chamados, às vezes, de jardins de rosas, simbolizando não apenas a morte como também o renascimento e a ressurreição. Na antiga Roma, as rosas cobriam os túmulos e eram plantadas nas sepulturas.

A expressão *sub rosa* data dos romanos, gregos e persas, que punham rosas acima da porta em sinal de discrição e silêncio durante as reuniões do conselho.

A rosa costuma ser associada ao coração e sua essência comparada ao amor. São esses os aspectos tratados no Caldeirão, porque é importante, para o desenvolvimento de cada um, conservar o coração aberto. O propósito desta viagem é satisfazer à necessidade que cada um tem de reconhecer a própria beleza e perfeição.

Quem viajar com a rosa terá a oportunidade de sentir o coração se abrindo quando as pétalas desabrocharem e revelarem a essência da rosa, a essência do amor.

A Viagem da Rosa

[*Esta viagem tem uma alquimia diferente: siga as instruções abaixo.*]
Use a respiração para se firmar no chão e se centralizar — e envie muito amor à chama do coração, tornando-a forte e brilhante para a alquimia... Lembre-se de que a coroa é a porta de entrada da consciência. O Caldeirão tem que ser de ouro e o líquido dentro dele cor-de-rosa. Você mexe a água

cor-de-rosa no Caldeirão de Ouro e ela sobe até chegar à chama do coração. A água se converte em vapor e faz surgir uma fonte de névoa cor-de-rosa. Faça a consciência subir com o vapor e jorrar para fora, pela coroa... Você está envolto pela névoa rosa e sabe que Thoth está presente, embora não consiga vê-lo na neblina rosa. Sinta a suavidade da névoa rosa e delicie-se com seu abraço...

Em meio à névoa, surge um botão de rosa. Ele pode brotar de um caule solitário ou fazer parte de uma roseira. Folhas verdes e brilhantes saem de caules graciosos. Os espinhos afiados produzem uma aura de proteção.

A luz do sol penetra na névoa cor-de-rosa, reluzindo nas gotas de orvalho aprisionadas nas reentrâncias das folhas e da flor. Quando o calor dos raios de sol dissipam a névoa, as pétalas da rosa começam a se abrir lentamente. Há uma ligação direta entre essa rosa e o seu coração: a cada pétala que desabrocha, você sente o coração se abrir... [*Pausa*].

Esse magnífico botão de rosa exala a mais extraordinária fragrância, provocando sentimentos de perfeição, beleza e amor...

Honre a beleza e perfeição dessa rosa por alguns momentos... Inspire profundamente, inale a fragrância da rosa, deixe sua essência chegar ao âmago do seu ser...

Ocorre uma fusão e você se mistura à rosa... Sinta a sensualidade da luz do sol em suas pétalas abertas. Sinta a brisa acariciando seu corpo, tocando cada célula. Você está repleto do amor que sente pela rosa. Todos os seus sentidos se intensificam e você descobre que está num jardim. Sua audição aumenta para amplificar a vida fervilhante à sua volta. Você ouve um zumbido incessante: é o som de uma abelha a visitá-lo, entrando pelo coração aberto de suas pétalas distendidas, dançando ao colher o doce pólen... Receba uma mensagem dessa parceira na dança ininterrupta da vida. Há nela um ensinamento sobre êxtase e sua beleza interior... [*Pausa*].

Deixe que sua atenção desça da flor para o sistema de raízes da roseira. Suas raízes são fortes e penetram fundo na terra, mantendo-o no lugar que lhe fornece seus nutrientes. Observe sua ligação com a terra e perceba que está enraizado e firme, apesar da alegria e do êxtase da experiência...

Atente para a presença de Thoth. Ele o ajuda a retornar à consciência comum por meio de uma transformação gradual que lhe permite trazer os sentimentos de perfeição e beleza para a forma física. Ao trocar o corpo da rosa pelo seu corpo humano, você mantém o tamanho normal e a rosa fica pequena, concentrada, até caber no centro de seu coração, onde continua irradiando sua extraordinária fragrância.

[*Não se esqueça de se firmar no chão e de se centralizar no corpo físico...*]

ÁGUIA
Escolhas

A Águia é um poderoso símbolo de nobreza e discernimento. Para os índios, ela representa a mais alta expressão do espírito. As penas da Águia têm valor intrínseco. Simbolizam a verdade e são consideradas sagradas, reservadas para uso em várias curas e cerimônias. Ter a Águia como aliada é ter o benefício de sua ampla capacidade de discernimento. No Caldeirão de Ouro, a Águia dá clareza às escolhas. Voando com ela, você consegue enxergar suas escolhas e tomar decisões sobre a vida com base na visão penetrante e na perspectiva elevada que agora possui como Águia.

As asas que aparecem em certos símbolos, como o disco alado do Egito ou o emblema do Caldeirão, representam o Eu Superior, nosso eu-matriz, que é perfeitamente equilibrado (precisa de duas asas para voar) e está além do apego ao corpo físico. O Eu Superior nos proporciona uma visão coletiva, como a perspectiva expandida da Águia. Através dos olhos da Águia, percebemos o mundo de um ponto de vista muito mais claro.

Nesta viagem, a Águia o ajuda a escolher suas metas, não a atingi-las. Se você está tendo dificuldades de se decidir por uma meta ou tem muitas opções, a Águia lhe dá a força para decidir o que é certo para você. A Águia lhe dá também uma compreensão, vinda do Eu Superior, de qualquer situação da vida que precise de escrutínio.

A águia que uso com mais freqüência é uma águia pescadora, que voa alto por sobre um grande rio onde há uma grande abundância e variedade de peixes. Ela escolhe aquele que vai comer, recolhe as asas e mergulha, agarrando sua presa. Ou então a Águia lhe mostra diferentes possibilidades para resolver a situação que escolheu.

A Águia paira no ar enquanto examina suas opções. Desse ponto de vista privilegiado, ela arremete na direção do que escolheu. Todas as opções são iguais, no sentido de que a escolhida, seja ela qual for, será desfrutada pelo que vale. Se quiser mais, não denigra a escolha anterior. Alegre-se com a escolha que fez para não atrapalhar seu desenvolvimento. Você pode voltar em outra ocasião e experimentar uma nova escolha.

Depois desta viagem, é bom visitar o Elefante, que pode ajudá-lo a trazer a escolha que fez, qualquer que seja ela, à manifestação física.

A Viagem da Águia

[*Faça a alquimia...*]
Para pegar uma carona com a águia, você precisa ir à casa dela. Thoth aponta para um rochedo alto em cuja lateral se vê um grande ninho, preso na forquilha dos galhos de uma velha árvore. Você tem que escalar o lado íngreme do rochedo para alcançar um dos galhos que sustentam o ninho. Nele, há uma magnífica Águia adulta. Olhando-a nos olhos, expresse interiormente o que deseja descobrir nessa experiência ou faça um pedido relativo à sua meta. Diga à Águia que você quer tomar uma decisão e precisa de ajuda para discernir entre as diversas opções. Prepare-se para uma surpresa...

Em pé, sobre um dos galhos que sustentam o ninho, comece a transformar-se em Águia. Seus pés se transformam em garras, que se prendem melhor ao galho. As penas da cauda o ajudam a manter o equilíbrio. Você vai se sentindo mais confortável à medida que assume a forma de Águia. Com um movimento que parte dos ombros e desce pelos braços, levante uma das asas, sentindo as enormes penas se abrirem... Abra em seguida a outra asa, abanando-a e recolhendo-a em seguida. Alise as penas, fazendo seu novo bico descer pelo peito. Erice as penas das costas e dos ombros e sinta as pequenas penas pontiagudas no topo da cabeça. Durante essa metamorfose, passe por todos os estágios de desenvolvimento, do filhote à Águia adulta.

Empoleirada no galho, contemple o rio lá embaixo, tão distante que parece uma linha, uma fita minúscula. Não há nada entre você e o rio. Um vento suave agita suas penas, fazendo-o balançar levemente. Erga lentamente as asas e estenda-as em ambas as direções, abrindo-as como um leque, lentamente... A mesma brisa agora tem mais força e você precisa se agarrar ao galho. Solte suas garras e deixe que a brisa o leve. Você vai levar um momento para ficar à vontade no ar, mas logo se acostumará ao vento e começará a planar, exaltando-se na liberdade do vôo...

A Águia que estava no ninho levanta vôo e vem ensinar-lhe a arte e a alegria de voar. Deixe que as preocupações e ansiedades desapareçam diante de horizontes maiores, como o que se descortina à sua frente. Acompanhe sua parceira Águia, que segue em direção à linha do horizonte. Preste atenção ao chão lá embaixo. Observe o terreno, a hora do dia e a direção do seu vôo...

Respire fundo cinco vezes e, na última, prenda a respiração ou respire lentamente até chegar, com sua amiga Águia, ao seu destino...

Sua parceira Águia solta um grito. Seus ouvidos zumbem e o som ressoa no seu corpo. Prenda a respiração e, em pleno ar, deixe-se flutuar, planar... Expire pela boca, lentamente, e olhe para baixo. O chão parece distante, mas seus olhos de Águia enxergam com muita clareza. Inspire várias vezes, lentamente, olhando a paisagem distante...

Como Águia, você possui uma visão telescópica, que lhe permite discernir objetos ou símbolos que representam sua situação ou as escolhas que deseja fazer. Pode haver muitas opções. Use todos os seus sentidos para avaliar as alternativas que se apresentam. A visão da Águia é discriminadora. Com ela, você consegue sentir qual das escolhas vai engendrar o futuro mais conveniente. Ainda pairando, procure a opção que lhe parece certa, que lhe traz alegria ou satisfação. Quando descobrir qual gostaria de experimentar, procure fixá-la na mente. Concentre toda sua atenção nela e respire cinco vezes, com força...

Na última expiração, mergulhe. Sinta-se descer pelo espaço, mais rápido do que poderia imaginar. Sinta o vento cortante, descendo com a rapidez e a majestade da Águia. Pegue o símbolo que escolheu com suas garras e aperte-o junto ao coração. Quando voltar a subir, segurando o símbolo contra o peito, deixe que ele se funda ao seu coração para que sejam um só.

Voltando ao ninho, você está voando no futuro que escolheu. Preste atenção às mudanças na paisagem lá embaixo. Observe tudo o que puder enquanto tem a visão da Águia. Seguindo sua amiga Águia, fica claro que a sua escolha lhe dá força e satisfação, e você está em paz.

A Águia volta ao ninho com sua refeição e come com prazer, dividindo o alimento com a família. Faça uma oferenda espiritual de alimento para ajudar a sustentar essas águias. Receba qualquer mensagem que sua amiga Águia ainda queira lhe transmitir...

Pousado no galho, fora do ninho, você se metamorfoseia de novo em forma humana... Na descida do penhasco, sua percepção está mais ampla e você conserva o sentimento de paz com relação ao que escolheu ou ao que lhe foi revelado. Quando retomar o caminho onde Thoth o espera, converse com ele sobre quaisquer dúvidas que possa ter a respeito dessa experiência ou de sua situação.

[*Thoth o ajuda a voltar ao corpo...*]

ELEFANTE
Manifestação de Metas/ Solução de Problemas

Todas as coisas deste planeta, todas as formas físicas, nascem do elemento terra: é por isso que chamamos a Terra de mãe. O pesado elefante é o mais terreno dos animais e compreende o processo de manifestação como nenhum outro. Os elefantes trilham o caminho do coração e têm um coração enorme, o que lhes dá essa grande capacidade de manifestação. A viagem com o Elefante nos ensina a manifestar o que queremos ou precisamos no mundo físico.

Os hindus têm uma divindade chamada Ganesha, filho de Shiva. Foi Ganesha quem trouxe o Elefante para o Caldeirão. Esse ser de uma inteligência nobre divide com você seus fardos e o ajuda a encontrar o caminho em meio aos obstáculos. Como Senhor das Soluções, proporciona paz e tranqüilidade. Quando você tem uma tarefa de vulto, recorra a Ganesha, que irá ajudá-lo a ter a determinação de prosseguir intelectualmente — de dar cada passo e de antever com o intelecto. Ele vai ajudá-lo a encontrar soluções para seus problemas. Você pode usar essa viagem com Ganesha para manifestar suas metas e resolver seus problemas.

É bom fazer essa viagem com um propósito específico. Escolha uma meta ou objetivo para trabalhar. Ganesha, em forma de elefante, vai ajudá-lo também a manifestar as coisas de que precisa em sua vida. Você pode se concentrar em planos imediatos ou de longo prazo: a escolha é sua. É com a realização de suas vontades, necessidades e desejos que você se torna capaz de ver o futuro, livre das esperanças e preocupações do presente. Aprenda com o Elefante a conseguir o que quer e depois procure ver o que está por detrás de suas expectativas. É possível enxergar o futuro e, de lá, olhar para trás, para as questões de hoje, de um ponto de vista mais amplo e com a sabedoria da compreensão tardia.

Esta viagem se divide em duas partes. A primeira o ajuda a ver os passos imediatos que precisa dar e a segunda ajuda a ter uma visão clara de sua meta final. Com o Elefante, você ama e celebra a terra em que pisa.

A Viagem do Elefante

[*Faça a alquimia do Caldeirão...*]
Thoth indica o caminho para uma cena noturna na Índia. Está escuro. A primeira coisa que você vê são os olhos do seu elefante — grandes, inteligentes e desejosos de compartilhar seus fardos. Olhando nos olhos do elefante, conte a ele seus problemas ou o que pretende realizar... A silhueta do elefante entra em seu campo de visão e você toma consciência do céu, com a lua cheia e um manto de estrelas, e depois da terra. De longe, vem uma música de címbalos e de pés dançando.

Você entrou no reino de Ganesha, o deus-elefante, onde todos os fardos se tornam leves. O elefante dobra lentamente um dos joelhos e você sobe em seu dorso. Sente-se confortavelmente, com os braços abertos para os lados, os polegares cobrindo as unhas dos dedos indicadores, peito para a frente, cabeça para trás.

O elefante o leva para um passeio na natureza. Imagine a cabeça dele junto ao seu peito enquanto você balança de um lado para o outro, formando um oito, uma representação do infinito... Atravesse com o elefante o mais denso bosque, floresta ou selva, ciente de que nenhum obstáculo lhe impede a passagem. Preste atenção, pois o elefante está lhe mostrando como dar cada passo enquanto você balança de lá para cá...

Você está seguindo o desejo do coração e deixando que o intelecto o ajude a encontrar o caminho correto e equilibrado. Acompanhando o movimento do elefante, com o peito para a frente, você sente o coração do elefante como seu, o seu coração se funde com o dele e começa a se abrir naturalmente...

O terreno se torna mais íngreme e o caminho mais difícil e estreito. Mesmo assim, o elefante segue em frente, passo a passo. Tome consciência, intelectualmente, do seu problema ou da sua situação — e do que pode ser feito. Perceba que a solução está relacionada à sua disposição de seguir o coração — de estar centralizado e em paz dentro do seu coração...

Está amanhecendo e, à primeira claridade, você se dá conta dos passos que precisa dar para solucionar o problema ou realizar suas metas. Enquanto você balança com o elefante, ele clareia seu caminho. Quando chegam ao topo da montanha, seu coração está totalmente aberto. Você se mesclou ao elefante, uniu-se a ele.

De seu novo ponto de vista, no topo da montanha, olhe com os olhos do elefante para o novo horizonte. Você parou de balançar. Sinta seu amor pela Mãe Terra ao ver o Sol nascendo. O primeiro raio de sol aparece e *atinge seu terceiro olho.* Permita-se viver o impacto e a intensidade da luz do sol, penetrando em seu terceiro olho durante todo o nascer do Sol...

Alargue o peito e abra os braços com as palmas das mãos para cima. Com o horizonte se abrindo à sua frente, respire fundo cinco vezes. Leve a cabeça e o tronco para trás a cada inspiração pelo nariz, e expire pela boca, trazendo a cabeça para a frente...

No fim da quinta inspiração, solte-se para a frente até que o terceiro olho toque o chão ou deite-se de costas. Fique quieto. Na última expiração, comece a flutuar e deixe que aconteça o que tiver que acontecer. Ao se soltar, relaxe e aproveite o que vier. Deixe que sua visão o leve ao futuro. O elefante limpou o terreno e lhe mostrou o caminho. Agora você pode fazer sua própria exploração. Voe para o horizonte. Enxergue além de suas expectativas. Continue enquanto for confortável... [*Longa pausa.*]

Para voltar, pense nos olhos do elefante. Ele está lá, sentado no topo da montanha e você se senta entre as patas dele, que se tornam pilares do seu templo pessoal...

Como dádiva ao elefante, ofereça uma prece ou bênção para curar algum problema na Terra...

No caminho de volta, à luz do novo dia, não há obstáculos. Thoth o encontra no caminho e passa alguns momentos com você, compartilhando sua experiência...

[*Thoth lhe mostra como voltar ao corpo através da coroa. Não se esqueça de fazer a respiração para se firmar no chão e, antes de abrir os olhos, verifique se está centralizado em sua forma física...*]

Sumagre-venenoso
Proteção

O sumagre-venenoso costuma crescer em áreas que sofreram perturbações. Ele cria naturalmente uma área de proteção que permite a cura da terra ao seu redor. Quem não é respeitoso e cuidadoso em sua presença vai arcar com as conseqüências.

O sumagre-venenoso repele muitas pessoas, e por boas razões. Quem já sofreu seus efeitos aprendeu a ter muito respeito por essa planta. O objetivo desta viagem não é curar quem é alérgico ao sumagre-venenoso. Mas ela pode ajudá-lo a se adaptar ao mundo em que vive e a controlá-lo.

No Caldeirão, o Sumagre oferece proteção para pessoas sensíveis e delicadas. Depois de ter feito esta viagem, você poderá refazê-la rapidamente para criar uma aura de poder e respeito.

A Viagem do Sumagre-Venenoso

[*Passe pela alquimia até Thoth...*]
Thoth o guia através de uma cortina ou de um corredor e você se transforma instantaneamente numa semente. Levado por uma brisa suave, você rodopia com leveza e, ao entrar numa área de calmaria, cai e a força do seu peso o planta no chão...

Seu eu-semente está envolto em umidade escura. A umidade permeia a semente sob a terra e você sente alterações, sente que muda de forma e protubera, até começar a lançar raízes, que penetram na terra. Com o peso e a energia das raízes que se lançam terra adentro, sua coroa é empurrada para cima e seu corpo se eleva, girando e rodopiando, em sentido horário, em volta do que quer que apareça no caminho, crescendo para cima. Como é inverno, seu crescimento é tão lento que você sente a rigidez da dormência, mesmo já estando bem maior. Você descobre que é castanho, cascudo e quebradiço, e que tem muito pouco verde, mesmo continuando a crescer.

Sinta o calor do sol em seus ramos e os poderosos sumos que começam a subir pelas raízes e depois, se espalhando, pelo tronco do seu corpo. Embora sua forma pareça delgada e fraca, você sente a seiva indo com força até os extremos do seu exterior, pressionando sua casca. Quando o veneno se precipita para fora, seus chakras começam a se abrir. Agora é primavera e você se sente irromper em novo verdor. A seiva, a água e a luz alimentam esse ímpeto de florescer. Os novos brotos que despertam são abundantes, verdes e macios, em forte contraste com seu corpo, que era duro, cascudo e esparso. Agora, você se tornou abundante, viçoso, vigoroso...

Você tem consciência da energia dentro da terra alimentando sua estrutura interior: sumos potentes fluem densamente até as extremidades das suas folhas que, de tão cheias, encrespam. As folhas brilham e vibram com a força do sol de verão. Elas se tingem de vermelho e, fluindo por elas, a seiva parece sangue. A cor vermelha das folhas é densa como granadas e vai ficando tão espessa que o poder inerente aos sumos ganha vida própria e começa a irradiar para fora à sua volta...

Uma sensação de poder o domina, pois os sumos potentes trazem vitalidade instantânea e a idéia de que sua energia é íntegra, irradiando uma espécie de escudo que não pode ser penetrado... Aproveite a sensação de proteção que vem desse campo de força que o cerca...

Você tem uma oportunidade de entrar em comunhão com o espírito do Sumagre e recebe um ensinamento especial sobre proteção e defesa... [*Longa pausa.*]

Agora é o outono, hora de completar o ciclo e retornar. A magia está dispersa no ar como energia e nas sementes das frutinhas que caem no chão. Faça com que sua consciência penetre em uma dessas frutinhas. É como se fosse o fim e o começo, quando você se solta e se deixa voltar ao corpo.

Thoth está lá para discutir a experiência com você...

[*Thoth o ajudará a voltar ao corpo...*]

Parte III

Viagens para Despertar

As próximas viagens despertam seu potencial para a consciência expandida, abrindo portas para uma nova compreensão. Aproveite estes momentos e continue a praticar estas viagens como meditações para catalisar mais ação e crescimento em sua vida.

HIPOPÓTAMO
Renascimento

No Caldeirão, o hipopótamo é a parteira. No mito egípcio, ele é a deusa Tarät (Tuéris), que cuida de todos os nascimentos. Nas paredes dos templos ele é visto ajudando o Sol a nascer de manhã, depois de terminar a viagem pelo submundo.

No túmulo de Tutancâmon havia três leitos. O primeiro era o do hipopótamo, que simboliza o nascimento na forma física. O segundo era o da vaca, que corresponde ao acesso ao plano astral. O terceiro era o do leão, relacionado ao nascimento do corpo estelar. Os talismãs de Tarät eram usados para fins de fertilidade e durante o nascimento. Embora as interpretações clássicas da egiptologia a mostrem como uma derrotada vilã das trevas, eu sempre a achei generosa, sensual e repleta de uma sabedoria maravilhosa. Os hipopótamos desapareceram do Egito, onde se multiplicavam às margens do Nilo, entre os também desaparecidos lótus. Foram dizimados por causa de seus dentes, apreciados pelo marfim que não amarela com o tempo. A pele do hipopótamo é extremamente grossa, embora seja muito sensível ao sol. O couro do hipopótamo leva seis anos para ficar naturalmente curtido — e fica tão duro que é capaz de cortar um diamante. Deve ser por isso que, na Mesopotâmia, a pele do hipopótamo era usada para fazer cintos de castidade!

Às vezes, os hipopótamos parecem azuis e é assim que são representados na arte egípcia. Eles segregam um líquido púrpura-azulado, semelhante ao nosso suor, quando passam muito tempo fora d'água. As fêmeas dão à luz dentro da água, em locais onde se sintam absolutamente seguras. Os hipopótamos têm que viver nos pontos em que o rio é raso e a correnteza é lenta porque, como não são grandes nadadores, uma corrente veloz pode arrastá-los à morte.

Ao viajar pelo Caldeirão para visitar Tarät, você tem a oportunidade de reviver seu nascimento físico na presença de uma parteira capaz de garantir um local seguro para um evento de sua vida que pode ter sido traumático. Depois de resolver esse trauma, você pode ter variadas experiências novas com esta viagem, como a de um nascimento numa vida passada ou paralela. Talvez Tarät o ensine a nascer com alegria, livre da dor quase sempre associada ao processo de nascimento. Sempre que visitar Tarät, você será alimentado com o leite da sabedoria, uma pérola de grande valor, entrando na vida renovado.

A Viagem do Hipopótamo

[*Faça a alquimia...*]
Como a viagem é para o Nilo, talvez Thoth se transforme em íbis para levá-lo à sua terra natal. É aquela hora silenciosa e mágica entre a noite e o dia, um pouco antes da primeira luz da alvorada iluminar o horizonte. Você é levado a um caminho junto ao rio e os tambores que está ouvindo são as batidas do coração da Mãe Terra. O ar balsâmico, quente e úmido, o envolve num delicado abraço. Sentindo a umidade do orvalho que se formou na relva ao longo do caminho, você chega a um lugar onde dois flamingos vigiam o acesso ao rio. As montanhas ao redor são cobertas por uma terra viva, exuberante, aveludada, da mesma coloração rosa dos flamingos.

Thoth o conduz pelo caminho até o grande Rio da Vida, onde os papiros crescem ao longo das margens e os hipopótamos são vistos se espreguiçando entre os lótus e mordiscando folhas viçosas na pálida luz do início da manhã. Você é levado a um dos adoráveis lótus, que será seu posto de observação. Há apenas um indício da fragrância oculta que essa flor emanará quando sua coroa abrir sob o brilho mais intenso do sol. Sinta a força e a beleza dessa flor extraordinária. Está quente e calmo aqui. Olhando para o rio, mal dá para distinguir as silhuetas de algumas cabeças de hipopótamos, com os olhos brilhando debilmente na semi-escuridão.

Para ver mais de perto, siga o caule da lótus, pela água adentro, até os rizomas, as raízes horizontais sob a superfície. A água está tépida e você vai perceber que, nessa dimensão, respirar é fácil, mesmo debaixo d'água. Uma batida de coração cria uma espécie de vibração na água. Você sente a presença dos hipopótamos e percebe que é deles o coração que bate, criando a vibração transmitida pela água. Eles têm um coração enorme.

Sinta-se ligado a um dos hipopótamos. Faça contato com ele, olhando-o nos olhos, e peça-lhe para ajudá-lo como parteira neste nascimento...

Para explorar e reviver seu nascimento físico, desça mais ainda pela raiz do lótus, seguindo os brotos mais profundos que penetram no lodo fértil

Hipopótamo

do leito do rio, levando-o de volta no tempo, de volta à infância, de volta às suas primeiras lembranças e além disso — de volta à fonte de sua vida...

Você está no útero de sua mãe — seguro, protegido, suavemente acalentado e envolto pelo líquido amniótico. Há a batida contínua do coração da sua mãe. Ouvindo essas batidas, você sabe que está seguro, pois a batida do coração é o ritmo da vida... [*Pausa para sentir o útero.*]

Você começa a sentir o impulso de lutar para nascer, de lutar para vir à luz da vida na Terra. Esteja consciente, enquanto a luta desperta em você, de que nascer está sendo uma escolha sua. E agora, ao reviver o nascimento, faça-o com total consciência e aceitação de que escolheu esta vida... [*Pausa.*]

Ao sair para a luz da vida, você tem uma oportunidade de perdoar aqueles que lhe causaram angústia ou dor. Em vez de se julgar, perdoe-se. Aceite o ser belo, único e maravilhoso que você é. É através do perdão que você pode resolver os traumas passados de sua vida... [*Pausa para concluir esta instrução.*]

Subindo de volta através do tempo, de volta através do lótus, você se vê novamente aninhado na extraordinária flor do lótus. Sua cor suave e sua deliciosa fragrância geram um sentimento de bem-estar e você se balança ao ritmo da delicada corrente do rio, observando os hipopótamos que se alimentam e brincam na tranqüilidade desse início de manhã...

Agora que reviveu seu nascimento, aproveite e considere começar de novo...

O lótus solta as raízes e a corrente do rio o leva com delicadeza e determinação. Maravilhado, você começa a antecipar o acalanto da vida e do amor...

O rio se alarga e deságua numa baía. Aqui, você vê outra vez Tarät. Ela acena e você mergulha e nada em direção a ela... Tarät abre a boca e ali, sobre sua língua, há uma bela e luminescente pérola. Ela lhe dá a pérola... Você pode engoli-la e guardá-la dentro de você. Ao absorver a pérola, sinta sua energia e luminosidade se espalhar por todo o seu ser...

Você pode montar no dorso de Tarät, que nada lentamente até a margem. Ela pode até mesmo estar usando um colar em que você possa se segurar...

Quando Tarät o deixar na margem, dê atenção a qualquer mensagem ou instrução que ela queira lhe transmitir nesse momento...

Você pode lhe dar um presente...

Lá está Thoth. Compartilhe sua experiência com ele...

[*Thoth o ajudará a voltar ao corpo. Não se esqueça de se firmar no chão e de se centralizar...*]

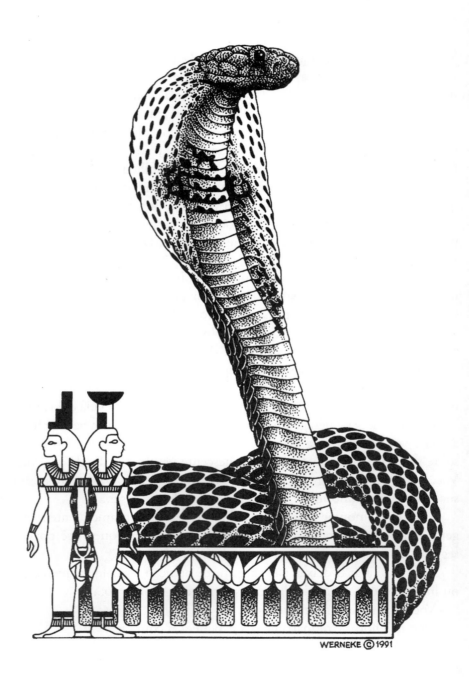

Naja
Despertar da Energia

A Naja é a personificação de uma força, de uma inteligência. No Egito, ela era conhecida como Buto ou Uatchet (Udjat). Uatchet significa "aquele que desperta". Lá, as Najas representam a mais elevada forma de energia e sabedoria relacionadas à serpente. Aparecem na coroa do faraó, representando o Baixo Egito e o Eu Inferior ou Oculto, que é a mente subconsciente ou inconsciente.

O ureus, uma coroa de ouro com uma naja no terceiro olho, é um símbolo místico: quem o usa passou pela iniciação da cobra e é um ser desperto. Algumas coroas têm duas cobras, o que indica uma iniciação ainda mais avançada, que equilibra as duas metades polarizadas da energia de uma única cobra. Dizia-se que, quando estava sobre a cabeça do faraó, o ureus cuspia fogo nos olhos dos inimigos.

No Egito, Uatchet, como a serpente ureus, era o hieróglifo para "deusa". "Ureus" se tornaria, mais tarde, um dos mais populares nomes secretos de Deus listados em antigos papiros e textos medievais. As deusas do nascimento e da morte, Ísis e Néftis, eram identificadas pela serpente dupla, mãe da vida e do além. Só elas podiam ajudar a alma a atravessar a parte do submundo que era habitada por divindades em forma de serpente.

Como aliada na cura, a Naja é poderosa e indispensável. Ela tem a capacidade de devorar as doenças comendo tumores e outros patógenos virulentos, pois o organismo da serpente não é vulnerável às mesmas doenças que os nossos. À medida que for desenvolvendo sua relação com essa nova aliada, pergunte a ela quando o uso desse poder é indicado. É interessante observar que o veneno da naja, embora tóxico, é útil à produção de vários tipos de remédios.

O momento de oferecer um presente à Naja é uma oportunidade de lhe dar alguma coisa que não lhe sirva mais, alguma coisa que você não queira, como uma doença ou um hábito negativo. Certifique-se de ter escolhido algo que a Naja esteja disposta a devorar naquele momento.

Quando fizer esta viagem pela primeira vez, a *kundalini* — representada historicamente como uma serpente adormecida enrolada na base da espinha — desperta. Como resultado, abre-se o acesso à corrente espinhal de energia, permitindo que você tenha contato com a energia da força vital, que tudo cura. Seu coração entra em contato com o Eu Superior e a Naja cria um canal direto entre seu coração e a consciência cósmica.

Há elementos tradicionais de medo em torno do despertar da energia *kundalini*. Alguns temem a perda de controle que experimentam quando essa forte energia desperta sem a adequada preparação do corpo e da mente. A Naja catalisa o incremento de abertura e expansão conforme o grau de preparo de cada pessoa que recorre a ela para essa iniciação.

É importante saber que nem todas as iniciações servem para qualquer pessoa a qualquer momento. Por isso, se algum lampejo de intuição lhe disser para esperar, obedeça. Você saberá quando for chegada a hora — quando estiver preparado psicologicamente e fisicamente.

A cobra é o centro de sua força vital, assim como o rio Nilo é a corrente espinhal do planeta. Esse despertar não é uma coisa nova, mas uma parte intrínseca a você, de que agora toma consciência e começa a usar. O canal que se abriu em sua espinha se expande com o uso, levando ao fortalecimento e ao aumento de todos os chakras e do sistema áurico. Todos eles ficam mais vivos e maiores. Você pode usar intencionalmente a energia desperta para fins de cura. Quanto mais dirigi-la nesse sentido, mais forte ela vai se tornar.

O ideal é jejuar por vinte e quatro horas antes de experimentar a Naja pela primeira vez. Se não tiver oportunidade de jejuar, beba muita água vinte e quatro horas antes da viagem e evite começá-la logo depois de uma refeição.

Essa iniciação da Naja requer força e resistência. Depois de fazer a viagem uma vez, você pode praticá-la como meditação sempre que for apropriado.

A Naja estará sempre com você!

A Viagem da Naja

[*Se puder, sente-se de pernas cruzadas, cruzando os braços sobre o peito na região dos pulsos, com a mão direita sobre o chakra do coração. A coluna tem que ficar bem reta. Vou me referir à cobra no feminino, porque a cobra com que trabalho é seguramente uma fêmea.*
  Use a alquimia para chegar a Thoth...
  Thoth o ajudará a voltar ao corpo num estado ainda alterado, leve, de modo que possa experimentar esta iniciação na forma física e com todas as sensações do corpo...]
  A Naja se aproxima por trás. Você ouve seu silvo e treme ao se dar conta da presença da cobra...
  Dê boas-vindas à Naja... Você sente na espinha a ressonância de seu deslizar pelo chão. Esta naja é muito grande, com uns dez centímetros de diâmetro e uns cinco metros de comprimento. Ela se aproxima, sobe pela sua perna direita e vai para a esquerda, passando pelo seu colo. Olhe-a nos olhos quando ela passar à sua frente. *Sinta* a sensação da cobra rastejando sobre sua pele — ela é extremamente sensual. Observe a marca que ela tem na cabeça quando o *capelo* se forma.
  Em movimentos sinuosos, ela volta para o chão, atrás de você. Quando sentir que ela está se aproximando do seu primeiro chakra, na base da espinha, contraia os músculos do esfíncter por um instante. Ao soltá-los, a Naja morde seu primeiro chakra: as presas atravessam sua raiz, como se penetrassem diretamente na terra. É como se a base do seu corpo se abrisse e se desintegrasse na terra, ligando-o ao seu poder. A terra o recebe. Você está aberto e sente que se mistura a ela: é como se estivesse totalmente envolvido pela terra e formasse com ela um composto. Ao se desintegrar nesse processo de fusão, você absorve o conhecimento mais profundo do elemento terra... [*Longa pausa.*]
  Essa ligação parece não ter fim e a cobra sobe mais uma vez pelo lado direito do seu corpo, formando uma espiral...
  Ela alcança outra vez sua espinha, parando atrás de você na área do seu segundo centro, o chakra genital. Aqui a Naja parece se dividir em dois corpos, com duas cabeças. Há uma súbita sensação de estar sob a água quando uma das najas entra em seu segundo chakra e atravessa seu corpo, parando com a cabeça na região do colo. Durante a imersão na água, você se dissolve e experimenta o mais profundo conhecimento da água fluindo, introduzindo-se em cada aspecto do seu ser... Há um nível profundo de

compreensão da fluidez, das emoções, da compaixão e da sensibilidade psíquica... [*Longa pausa.*]

O excesso de água desaparece na boca da cobra que está em seu colo. Ela volta a entrar em sua barriga e sai pela parte inferior das costas, através do segundo chakra. Ela se junta, então, à outra cabeça e segue em frente como uma única naja...

A Naja continua a se enrolar em seu corpo, enroscando-se sobre si mesma. Já na altura das costas, ela pára diante do terceiro chakra, mais em cima, na altura do plexo solar. Ela sibila. Você sente a vibração e a ressonância desse som através do corpo, subindo e descendo pela coluna...

A Naja morde outra vez. Dessa vez a sensação é quente. A sensação de calor aumenta até se tornar brilhante e vai atravessando o corpo, saindo pela parte frontal do plexo solar. Ela jorra para fora como um fogo espiritual, espalhando-se e emanando, projetando a essência do fogo que vem do seu centro de poder e de vontade pessoal. Ele é muito brilhante e muito quente. É como se você fosse inteiramente consumido pelo calor abrasador desse fogo espiritual. Enquanto você se desfaz em cinzas, o conhecimento do fogo entra em seu espírito... Seu corpo se reconstrói de suas próprias cinzas trazendo um conhecimento mais completo do elemento fogo... [*Longa pausa.*]

A Naja continua se enrolando em seu corpo. Ao cruzar mais uma vez suas costas, ela passa pelo chakra do coração e continua em espiral. Vindo para a frente, ela abre a boca e começa a engolir suas mãos, seus pulsos e seu coração. E segue em frente, espiralando para cima em volta do seu corpo. Talvez, nesse momento, você sinta solidão, uma sensação de falta e de necessidade de buscar. Enquanto a Naja prossegue, tome consciência desses sentimentos.

Mais uma vez atrás de você, ela se aproxima do chakra do pescoço. A Naja morde outra vez e você tem uma sensação de vapores, de fogo e água combinados para criar vapor e névoa. O ar espirala à sua volta e é provável que você fique um pouco tonto. Sua mente se expande enquanto os ventos sopram livremente pelo seu ser, fazendo-o em pedaços e espalhando-os em todas as direções. Cada partícula está agora combinada a um senso de unidade e comunhão, e você aprende os mais profundos significados do elemento ar... [*Longa pausa.*]

A Naja entra pela mordida que deu em sua nuca e segue para a cabeça. Quando chega à área superior do seu cérebro, ela cospe um cristal do formato da marca que tem na cabeça. Ele é cravado ali, sobreposto à glândula pineal.

A Naja continua o caminho por dentro de sua cabeça e sai pelo terceiro olho. Sinta que ele se abre à passagem do capelo da Naja. Já com a cabeça para fora, ela vira à esquerda, circundando o topo de sua cabeça, retorna ao terceiro olho, lança-se para baixo e depois para cima, voltada para a frente: é o ureus.

Nessa posição final, a Naja sibila. Você ouve o silvo, sentindo a vibração de um som profundo dentro dos ouvidos, como se estivesse ouvindo címbalos ou algum som muito agudo. Ao som do silvo, você sente o topo de sua coroa vibrar e formigar — e o chakra coronal se abrindo...

O cristal deixado pela Naja começa a brilhar e a faiscar em sua cabeça, gerando muita luz. Volte os olhos para cima e para dentro, focalizando a parte de cima da nuca. Há ali nove najas formando a imagem de um leque.

O chakra do coração está totalmente aberto. Há um forte elo entre o chakra do coração e o coronal, provocando sentimentos de amor intenso e de ligação com toda a vida do cosmo: é a compreensão entre o coração e o Eu Superior. A Naja continua sibilando durante esse estado de bem-aventurança. A sensação em seu corpo é de grande amor, calor e unidade com todo o Universo. Você está repleto de um sentimento de completude — e a cobra continua a sibilar. Concentre-se em seus ideais mais elevados de sabedoria e amor durante esse estado prolongado. Dê atenção às visões, formas e cores que possam surgir... [*Longa pausa.*]

A sintonia se completa e a Naja pára de sibilar. Ela começa a se desenrolar, volta a entrar em sua cabeça e sai pela nuca, desenroscando-se lentamente de seu corpo, deslizando pela sua pele. Perceba como é sensual.

Depois de se desenroscar por completo, ela se ergue e o encara diretamente, olho no olho. Faça uma oferenda: escolha alguma coisa que não queira mais — como um hábito que gostaria de abandonar, uma característica que não lhe sirva mais ou qualquer coisa negativa que ela esteja disposta a devorar. Antes, pergunte a ela se sua escolha é adequada...

A Naja tem mais uma mensagem para dar e talvez você tenha perguntas a fazer. Leve o tempo que precisar para conhecer essa poderosa aliada.

Discuta com Thoth sua experiência...

[*Thoth vai tocar sua coroa para trazê-lo de volta à consciência normal. Não se esqueça de se firmar no chão e de se centralizar... Você pode redirecionar todo o excesso de energia fazendo-o sair pelas palmas das mãos.*]

VEADO
Iniciação às Linhas Ley

Esta viagem é uma iniciação dedicada à Deusa, pois o Veado é seu consorte e ele favorece quem trabalha com ela. Ele é energia masculina positiva, um poderoso aliado que proporciona uma grande experiência do que pode ser a verdadeira energia masculina. Essa iniciação tem o efeito de desenvolver o terceiro chakra: o centro de poder e vontade pessoal.

Nesta viagem, você vai se encontrar com o rosto mutante de um veado-homem, uma das mais antigas representações do "Deus Cornífero", um dos consortes da Deusa. O veado representa a energia masculina que há em todos nós e nos ajuda a manifestar o que precisamos neste mundo. Ele é considerado uma fonte de fertilidade e poder. Seus chifres em forma de galhos indicam também associação com os espíritos da floresta.

Através do Veado, você será apresentado às "linhas ley": os trajetos que formam o sistema de meridianos do planeta, as linhas de força, no campo da superfície terrestre, por onde passa a energia. A maior parte dos locais de poder são construídos nas intersecções das linhas ley. Stonehenge é um exemplo, assim como a Grande Pirâmide. Conhecendo as linhas ley, você se dá conta da polaridade e dos fluxos do sistema ecológico e pode alinhar suas energias pessoais para que atuem com as da Terra. Você pode também percorrer essas linhas para visitar os centros de energia do planeta.

A grade formada pelas linhas ley faz parte da integridade da Terra. Um dos perigos da tecnologia industrial é que certas técnicas de mineração e perfuração provocam desequilíbrios na grade, alterando e bloqueando os fluxos de energia da Terra.

Ao viajar com o Veado, você tem a oportunidade de trazer equilíbrio e vitalidade energética ao sistema de meridianos do próprio corpo, que reflete o sistema de linhas ley da Terra.

A Viagem do Veado

[*Faça a alquimia...*]
Thoth está de pé, em meio à névoa, com um corvo no ombro. O pássaro voa para o seu ombro: você sente seu peso e percebe o brilhante negrume de suas penas.

Há um caminho saindo da névoa que se abre diante de seus pés. Seguindo por ele, você chega a um portal retangular. Passe por ele e desça até um círculo de pedras grandes.

Algumas pedras estão caídas e quebradas, outras ainda estão de pé, embora muito desgastadas pelo tempo. No centro do círculo há uma laje achatada, com um círculo desenhado. O corvo voa do seu ombro e pousa sobre uma pedra. Com o olhar intenso e firme, ele lhe pergunta se está disposto a passar por essa iniciação, cuja finalidade é fazer a conexão das grades do mundo, as linhas ley, com as linhas do seu corpo — os meridianos ou linhas *chi*.

Se seu coração disse que *sim*, deite-se sobre a pedra e relaxe, com o rosto voltado para cima. (Se disse *não*, volte e espere para fazer esta viagem quando for o momento certo. Converse um pouco com Thoth.)

O corvo se afasta para que você possa se deitar no círculo. Você intui, e depois sente, a presença de alguém atrás de você...

Você sente uma leve pressão na garganta quando o chifre de um veado, afiado como faca, passa por ela. Você olha para cima e vê o rosto de um homem compassivo: é um arquétipo da energia masculina que serve à Deusa.

Enquanto você o observa, seu rosto se altera — do rosto de um homem incrivelmente sábio, inteligente e atencioso para o aspecto primitivo e animalesco de um veado.

Ele o ajuda a se levantar e lhe mostra o círculo. Todas as pedras, agora, estão de pé. Sinta a energia fluindo em seu corpo... [*Pausa.*]

Olhe para além das pedras e sinta a energia vibrando ao longo das linhas, curando toda a Terra e seus habitantes... [*Pausa.*]

O Veado o abençoa por seu comprometimento e o leva em outra viagem, percorrendo as linhas ley até um outro local de poder: um templo ou alguma configuração natural. Vocês dois embarcam profundamente nesta viagem, que é para dentro de vocês mesmos, onde se vê o reflexo do sistema de meridianos da Terra em seu corpo. O corvo está com você e o veado... [*Longa pausa.*]

Thoth aparece na hora certa. Discuta sua experiência com ele antes de voltar ao corpo... [*Não deixe de se firmar no chão e de se centralizar...*]

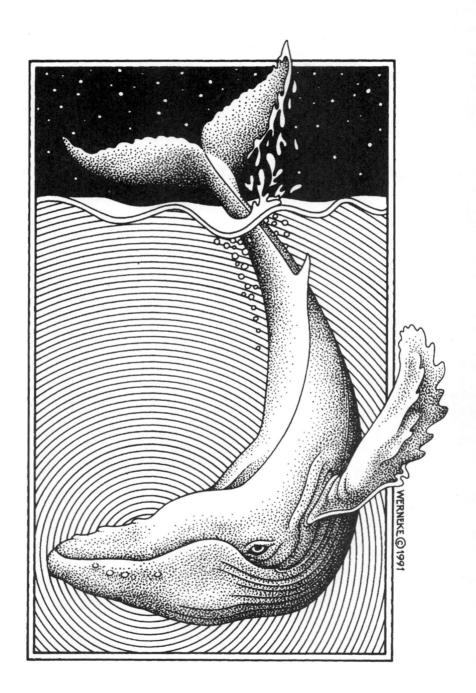

BALEIA
Iniciação Sônica

Na tradição de algumas tribos da costa do Pacífico, a baleia é um poderoso animal totêmico. Lá, seus dentes e ossos são considerados amuletos potentes, que conferem a seus portadores alguns dos poderes físicos da Baleia, como o poder de virar as canoas dos inimigos.

Várias espécies de baleias estão ameaçadas de extinção devido à caça implacável, para a exploração da carne e do óleo desses animais. Populações que já foram numerosas estão diminuindo rapidamente e não se sabe o quanto a poluição dos oceanos afeta o sistema imunológico desses mamíferos extremamente sensíveis e delicados.

A água conduz o *som* muito melhor do que a *luz* e as baleias enxergam com os ouvidos. Antes de os oceanos serem poluídos pelo som de propulsores e motores, as baleias se comunicavam umas com as outras a grandes distâncias. Segundo alguns cientistas, as baleias encalham, como às vezes acontece, porque o mau funcionamento de seu sistema de ecolocalização faz com que fiquem confusas.

A baleia que trouxe esta viagem ao Caldeirão é a jubarte, embora todas as espécies de baleias sejam guardiãs dos registros do desenvolvimento da Terra. Elas são como caixas de ressonância, cantando a história da Mãe Terra para o Universo. Esta viagem o sintoniza com a música das esferas, com a vibração das baleias que emana continuamente a assinatura tonal do nosso planeta. Na iniciação, a canção é codificada dentro de você e continua a ressoar de acordo com sua atenção. Ela funciona como um filtro sônico para a sua consciência — limpando, desobstruindo e abrindo espaço para a consciência expandida.

Esta viagem se presta a trabalhos em grupo. Todos os membros do grupo podem se sentar em círculo, de mãos dadas. No momento apropriado, o grupo pode cantar uma canção em resposta às baleias, como oferenda. A canção permanecerá no centro do seu ser. Você vibrará com ela e ela jamais sairá de você.

É bom ouvir uma fita de música das baleias antes ou durante a viagem.

A Viagem da Baleia

[*Faça a alquimia...*]

Thoth o leva a uma praia ensolarada e você atravessa a areia em direção à água. Ouça o barulho das ondas rebentando e encrespando junto à costa. O dia está bonito e calmo, e parece fácil nadar para além da rebentação, onde dá para ver o esguicho que jorra do dorso das baleias que brincam bem perto da costa. Assim que você entra na água e começa a nadar, ouve a canção das baleias: triste, aguda e profunda, ela entra em seu coração e se espalha pelo seu corpo. Sintonize-se com ela...

Uma das baleias, uma fêmea, olha-o nos olhos e se aproxima. Ela o toca com a língua para saudá-lo. No grupo há várias fêmeas, além de alguns filhotes. São enormes, esses leviatãs das profundezas. Há muita comunicação direta entre você e essas baleias que não se dá através da fala.

Agarre-se à sua nova amiga baleia ou nade junto a ela, mantendo-se atrás das nadadeiras, onde nadam os filhotes, de modo a ser levado pela corrente que ela cria. Ela se movimenta rapidamente, considerando seu tamanho gigantesco, mas toma muito cuidado com você, pois um golpe da nadadeira pode resultar em morte. Ela o trata com ternura, como se você fosse seu filhote. Em pouco tempo, você aprende a respirar com as baleias, sem esforço, e a ficar debaixo d'água com elas por longos períodos.

As baleias cantam ao mergulhar nas profundezas do oceano, onde é muito escuro e repleto de sons. Você passa por uma caverna e chega a uma profunda fenda na terra. É como se você tivesse sido engolido e estivesse na barriga da baleia. Mas, chegando ao fundo, você pisa na areia branca, numa gigantesca caverna sob o mundo, no fundo do mar. É mais claro na caverna e você consegue enxergar à sua volta. Espere um pouco para se firmar no chão, sentindo a areia sob os pés, entre os dedos...

As baleias foram embora mas sua música continua ecoando por essa câmara de ressonância. A música o atravessa como a energia, penetrando no seu âmago e nos seus ossos. Não há separação entre você e o som, pois ele é o início e o fim de tudo. É o ponto de intersecção no tempo em que *agora*, *depois* e *em toda parte* se unem. Há um surpreendente poder de cura nessa música, que proporciona uma forma de ligação com a totalidade da consciência. Você é envolto por ela e emerge em lugares diferentes. Solte-se completamente e perca-se na canção. Até a sua visão desaparece nessa sensação...

As vibrações da música funcionam como uma trajetória e o projetam para cima, para fora do oceano, para fora da Terra, para o espaço, para os pontos mais distantes do cosmo que sua consciência alcança. Não há início e não há fim. O final dessa canção é uma curva... Deixe que a natureza infinita da canção penetre em sua mente...

Vibrando com esse som, você compreende sua ligação com toda a criação. Esse conhecimento traz consigo uma sensação de paz que intensifica sua capacidade de curar a si mesmo, de curar os outros e de curar o mundo. Depois que você vibra com essa música, ela jamais o abandona. Você está sintonizado, e você pode sempre entrar nessa canção, pois ela é a música do Universo...

Aos poucos, sua consciência começa a distinguir o som das ondas do som da música. Você está de volta à praia, sob um céu noturno coberto de estrelas. A música ainda está lá e o senso de separação se foi. Você a sente no esterno, no centro de seu ser.

Olhando para o oceano, você vê a música em forma de luzes cintilantes que emanam da água. Esses padrões luminosos de harmonia alimentam as placas tectônicas e entram em estruturas cristalinas. Sinta o som como *luz* e também como som...

Como oferenda, cante em resposta à Baleia...

Thoth está ali. Agora relate sua experiência...

[*Thoth o ajudará a voltar à consciência comum, conservando a música na alma...*]

CISNE
Parceiro Interior

Na mitologia popular, o Cisne representa a transformação: de pequeno, desajeitado e feio ele passa a ser grande, gracioso e belo. Ele é régio e refinado, um emblema puro e nobre. A água, como símbolo da emoção, fala da sensibilidade e do amor do Cisne, pois os cisnes vivem na água.

Os cisnes aparecem em referências históricas e mitológicas de todos os tipos. Em culturas tão distantes entre si como as da Sibéria e da Irlanda, existe a crença de que matar um cisne traz infortúnio ou morte. A deusa grega do amor, Afrodite, era retratada cavalgando um cisne e, na Indonésia, a deusa Sarasvati aparece em companhia de um cisne. O caso de transformação mais conhecido é o de Zeus, rei dos deuses gregos, que se transformou em cisne para desposar a terrena Leda.

Os cisnes se unem por toda a vida e reconhecem ligações que são geradas pelo contato direto entre corações. O Cisne entra no Caldeirão como aliado na busca por um parceiro e como conselheiro em questões de relacionamento. Quando entrar no reino mágico e idílico desta viagem pela primeira vez, você será apresentado ao seu parceiro interior, a parte de você que é seu outro lado, ou o gênero interior que lhe serve de contrapeso. Se você é mulher, possui um homem interior que traz equilíbrio à sua feminilidade e vice-versa.

O verdadeiro casamento alquímico é a fusão do masculino e do feminino dentro de nós, e esta viagem instiga o namoro que leva a esse casamento. O trabalho com o Cisne traz, como resultado, a conquista da totalidade no próprio corpo. Depois de fazer esta viagem e desenvolver uma relação com o Cisne, você poderá voltar e trabalhar questões de relacionamentos específicos. Você vai perceber que, tornando-se total em si mesmo, os relacionamentos com os outros têm mais profundidade, e o Cisne pode ensiná-lo a atrair seu parceiro e companheiro físico.

Nesta viagem, você é levado a um santuário onde vai parar de se criticar e de se sentir feio. Lá você não vê os defeitos que normalmente chamam a sua atenção. Você tem a aparência e a graciosidade do Cisne, já que se vê com os olhos do amado, que sempre olha para você com amor.

A Viagem do Cisne

[*Faça a alquimia do Caldeirão...*]
Thoth o leva a um belo lago onde há cisnes nadando. É um deslumbrante dia de primavera. O céu está azul com nuvens fofas e a paisagem é idílica, com as folhas dos salgueiros-chorões pendendo sobre a água. Um dos cisnes vem até você e o observa. Imite todos os movimentos dele — o jeito de ondular o pescoço, de arrumar as penas com o bico. Olhe o cisne nos olhos e sinta a ligação através do coração. Assim como a água reflete o cisne, você e ele refletem um ao outro. Peça-lhe que o ajude a encontrar seu parceiro interior através do amor.

A transformação começa quando você entra na água e se transforma em cisne. A sensação é maravilhosa. Suas novas penas o mantêm à tona e você desliza sem esforço pela água, com as pernas fortes e os grandes pés palmados ocultos sob a superfície. Aproveite a sensação de ser um cisne, sinta as asas e o pescoço longo e gracioso...

Seu novo amigo cisne levanta vôo e você o segue, circundando lentamente a lagoa numa espiral em direção às nuvens brancas e fofas que se destacam, como *marshmallows* gigantes, no céu azul. Você atravessa as nuvens e, ao sair do outro lado, percebe que entrou num espaço mágico. Até as moléculas do ar são coloridas. Lá embaixo descortina-se uma linda terra mágica e, ao longe, as torres de um castelo ou palácio medieval. Ele é feito de mármore ou de cristal, com flâmulas e bandeiras coloridas na ponta das torres. Pode ser que haja um fosso e há, certamente, um lago para você pousar. Sinta o coração bater quando deslizar pelo arco-íris e pousar na água, perto da margem...

Logo que pisa na terra, você volta à forma humana. Olhe para a água e veja seu reflexo. Você é tomado pela alegria e a imagem que olha para você é mais bela do que você imaginava. Seu corpo está forte e vigoroso, em plena forma. Você está vestido com simplicidade, mas elegante.

Ouça, por alguns instantes, o som melódico de uma harpa. Voltando-se na direção da música, você sente a presença de alguém que ama. Sinta

Cisne

essa presença em seu coração. Vá ao encontro da pessoa que espera por você... Estenda a mão e toque seu rosto com a ponta dos dedos... Fique alguns momentos com esse parceiro ou parceira interior... [*Longa pausa.*]

Você pode voltar a qualquer momento para dar continuidade à relação que começou aqui. Talvez vocês queiram trocar presentes...

Quando chegar a hora de deixar esse lugar encantado, despeça-se e entre na água, transformando-se em cisne outra vez. Com seu amigo cisne, voe em círculos por esse reino mágico até atravessar as nuvens e pousar no outro lago. Ao pisar na margem, volte à forma humana...

Se quiser, dê um presente ao cisne que o guiou...

Thoth está à sua espera. Discuta com ele este trabalho e as possibilidades futuras de trabalhar com o Cisne, seu novo amigo e aliado...

[*Thoth o ajuda a voltar à forma física através da coroa... Antes de abrir os olhos, não deixe de se firmar no chão e de se centralizar...*]

Gato
Amor por Si Mesmo

Os gatos são independentes e não podem ser controlados, o que lhes dá um ar de mistério e alimenta sua reputação de amigos das bruxas. Certas criaturas, geralmente animais, são ajudantes e companheiras de quem trabalha com magia: é o caso dos gatos. Ao contrário de outros animais, os gatos não têm medo de seres espirituais invisíveis e têm uma excelente comunicação telepática com os seres humanos. Os gatos domésticos são atraídos pela energia espiritual, especialmente quando essa energia é usada em cerimônias ou para curar. Seu ronronar é uma vibração terapêutica, ainda mais eficaz quando o gato deita sobre a parte dolorida do seu corpo. O vínculo oculto que liga o gato à bruxa, ou a um pedido de cura, é o amor. A viagem do Gato, no Caldeirão, diz respeito ao amor por si mesmo.

Os gatos são extremamente sensitivos. Na Inglaterra do século XIX, as pessoas faziam questão que os filhos brincassem com gatos, para desenvolver a clarividência. Há uma antiga crença de que os gatos possuem fortes poderes mediúnicos, um atributo associado à beleza de seus olhos. Mas é possível sugerir também que, domesticados, tiveram tempo para desenvolver seus poderes psíquicos naturais.

Os egípcios foram os primeiros a domesticar os gatos, que logo foram aceitos nos templos e nas casas, onde eram muito mimados. Em troca, vigiavam os celeiros contra os roedores e protegiam as casas das cobras. Com o tempo, eles se tornaram sagrados para os egípcios e, quando morriam, eram mumificados e enterrados em cemitérios especiais para gatos, com elaborados ritos funerários.

A deusa-gata do panteão egípcio é Bast, deusa da fertilidade e da sexualidade, bem como da maternidade e do amor. Ela é conhecida também por sua capacidade de curar. Bastet é uma faceta ou manifestação de Bast e é ela que nos guia nesta viagem do Caldeirão. Quando trouxe esta viagem ao Caldeirão, Bastet apareceu na forma de uma grande gata cinzenta, com orelhas pontudas. Ela usava uma coleira com pedrinhas preciosas e parecia muito satisfeita consigo mesma. A viagem de Bastet está relacionada ao amor-próprio e o ensina a se amar como ela se ama. Segundo ela, quem não se ama não é capaz de amar ninguém. Pode haver dependência, desejo, apego ou mesmo vontade de controlar, mas não amor de igual para igual.

Bastet vai levá-lo para um lugar cheio de espelhos mágicos e mostrar-lhe certos aspectos seus. Depois de estar mais acostumado a esta viagem, você poderá explorar outras imagens no espelho: a do seu eu velho e sábio, do seu eu criança, do seu eu sexual e outras imagens da mesma relevância. Thoth o ajudará a interpretar os reflexos.

Viagem do Gato

[*Faça a alquimia...*]
Thoth está lá, acariciando Bastet, a gata enroscada em seus pés. Thoth lhe faz um último afago e sorri para você.

Vá atrás de Bastet: ela o conduz por uma trilha, seguindo contra a corrente de um riacho de águas rápidas. A trilha é estreita mas batida pelo uso e você percebe que ela está acostumada a percorrê-la a caminho do lugar para onde o está levando. Vocês chegam a uma cachoeira e ali perto há uma piscina natural de água calma e escura. Bastet olha para a água e toca a própria imagem com a pata. Sente-se à margem, olhe para a água e veja seu reflexo — como gostaria de se ver. A imagem oscila e não pára no lugar. Lentamente, ela vai se desfazendo e se transformando no reflexo de como você realmente é...

Você continua olhando e as águas, até então calmas, formam um redemoinho que arrasta sua imagem, puxando sua visão para dentro d'água...

Bastet pula na água, indo diretamente ao centro do redemoinho... Vá atrás dela e, para sua surpresa, você vai perceber que não há mais água. Era apenas uma ilusão e você cai suavemente no chão da caverna...

Bastet o espera à entrada de um túnel, com a cabeça voltada para você e o corpo pronto para seguir em frente. Vá atrás dela e siga pelo túnel, que vai ficando cada vez mais escuro. Na escuridão total, você sente uma superfície dura e lisa.

Começa a clarear e você percebe que está numa sala de espelhos. Bastet vai de espelho em espelho, admirando-se — e você percebe que não são espelhos comuns: refletem muito mais do que o exterior do corpo.

Há sete espelhos e cada um mostra uma imagem diferente. Leve o tempo que for preciso para se olhar em todos os sete, examinando cada imagem:

> A primeira mostra a aparência que você pensa que tem...
> A segunda mostra sua verdadeira aparência...
> A terceira mostra a visão da alma...
> A quarta mostra a visão do coração...
> A quinta mostra o sistema de chakras, com muitas cores...
> A sexta lhe mostra seu verdadeiro eu, o eu potencial que você poderia ser...
> A sétima é seu eu unificado, que é um com o Universo...

Siga Bastet que entra pelo último espelho, chegando a uma clareira onde seus amigos e sua família o esperam. Aproxime-se e toque cada um deles. Veja-se como eles o vêem e sinta cada visão em sua totalidade... [*Longa pausa.*]

A Grande Mãe entra no bosque e lhe estende as mãos. Ao tocá-la, sinta o amor que ela tem por si mesma: é o mesmo amor que tem por você. Perceba que, amando a si mesmo, você ama toda a criação como parte de você e é amado em troca, como parte da criação.

Bastet se enrosca em suas pernas. Abaixe-se e acaricie seu pêlo suave. Talvez seja o momento de lhe dar um presente...

Ela o leva de volta a Thoth. Converse um pouco com Thoth para compreender mais profundamente as imagens...

[*Thoth o ajudará a voltar ao corpo quando você estiver pronto...*]

SALMÃO
Energia/Fertilidade

O avô Salmão é muito antigo: existe desde a época em que havia mais mar do que terra e já se adaptou a uma grande variedade de ambientes pelo mundo inteiro. O Salmão é um símbolo de renovação, retornando ano após ano para nos lembrar dos ciclos contínuos da vida. Apesar das dificuldades, nada o desvia do seu compromisso.

Para os índios norte-americanos da costa do Pacífico, o salmão é sagrado. A cultura dessas tribos é ricamente diversificada, graças, em parte, à abundância de salmão que havia antigamente. Os índios sabiam que os salmões voltavam todos os anos, assegurando seu sustento. Conservando o peixe, eles garantiam a alimentação do ano inteiro em poucos meses e tinham disponibilidade para desenvolver outras atividades, como a arte e os rituais.

A vida de grande parte dessas tribos girava em torno do salmão, especialmente durante a época da desova. Para os índios, os salmões eram uma raça de imortais que se transformavam em peixes na primavera e nadavam contra a corrente para alimentar as pessoas. Depois do banquete, os ossos eram devolvidos ao rio para que o espírito do Salmão fosse levado de volta ao mar, permitindo que o processo se repetisse no ano seguinte, na mesma época.

Os salmões são extremamente adaptáveis, ajustando-se à mudança da água salgada para água doce na luta para subir a correnteza e desovar. Devido à proliferação das represas, à devastação das florestas e à concentração humana ao longo dos rios onde desovam, muitas espécies de salmão sofreram uma forte redução numérica, sendo que algumas delas estão ameaçadas de extinção.

O Salmão traz muitas dádivas ao Caldeirão. Esta viagem traz poder, energia e fertilidade. O Salmão tem força, determinação e intuição, sabendo exatamente para onde ir e como chegar lá. Para desovar, ele sempre volta ao lugar onde nasceu. Experimente esta viagem de desova para ter sonhos férteis, fixar metas, realizar-se e afirmar a fertilidade.

A Viagem do Salmão

[*Faça a alquimia...*]
Thoth o faz passar por uma abertura no espaço e você cai na água gelada. Ao molhar a cabeça, o frio lhe percorre o corpo até os pés — só que, em vez de pés, você tem agora uma cauda. Você é um salmão, nadando sob a água, paralelamente às ondulações, alguns centímetros abaixo da superfície. Leve o tempo que for preciso para se aclimatar ao fato de ser salmão, sentindo seu corpo e sua relação com as águas velozes do rio. Você está nadando rio acima, contra a correnteza...

Observe como é o fluxo de energia no seu corpo de salmão: ela vai da cabeça à cauda, percorrendo-lhe o dorso e o estômago. As nadadeiras dorsais sentem o calor da superfície, enquanto as de baixo captam a frieza das águas mais profundas. As duas séries de nadadeiras, totalmente separadas, registram ao mesmo tempo as diferentes temperaturas, a de cima e a de baixo. Essa sensibilidade nas duas séries de nadadeiras cria uma fronteira, que separa os estímulos que vêm de cima dos que vêm de baixo.

O estímulo sensorial é registrado ao longo das nadadeiras, mas o movimento do corpo mantém a flexibilidade lateral. A consciência dessa dualidade — dessas duas coisas acontecendo ao mesmo tempo — fragmenta a energia já estagnada que flui pelo seu corpo. Enquanto registra as sensações de cima e de baixo, você ondeia de um lado para outro, criando uma descarga explosiva de energia represada...

Entrando nesse equilíbrio entre os dois fluxos, você consegue ver e sentir a relação entre os movimentos dentro do corpo, em três dimensões. Para seus sentidos, é como se a energia passasse constantemente pelo sistema de chakras, ativando todos os canais e ligando sua consciência ao seu DNA... A experiência da polaridade sinérgica é tão intensa que você se sente capaz de transmiti-la a seus descendentes. Quando essa sensação chega ao auge, a energia começa a se acumular em sua cauda e órgãos genitais. Faíscas vão em direção ao seu centro, estimulando um forte desejo de ter êxito. A energia parece dançar pela espiral do seu DNA como se fosse um arco-íris. Você sente que ela está girando e subindo pela coluna até que sai pela coroa... Pode ser que você tenha um orgasmo ou liberação tântrica quando a energia jorrar pela coroa e descer pelo eu exterior como a opalescente energia do arco-íris... A luminescência se reflete na pele como brilho perolado.

A energia o leva na viagem de volta: você está relaxado e leve... Volte ao local onde Thoth o espera. Discuta a experiência com ele...

[*Thoth o ajudará a voltar à forma física...*]

Parte IV

Viagens para Transformação

Nesta parte de *Meditações dos Animais de Poder*, você pode trabalhar situações e problemas que exigem mudança, que exigem que você aprenda a transformar adversidades em vantagens e a usar a alquimia para criar o que deseja e precisa em sua vida.

BORBOLETA
Transformação/Auto-estima

A borboleta representa a metamorfose — entrar em si mesmo para sair novamente pleno. Pensava-se que as borboletas, antigos símbolos da alma, eram habitadas por almas de seres humanos em busca de novas encarnações: em grego clássico, o mesmo vocábulo significa "borboleta" ou "alma". A borboleta representa também a liberdade: depois de entrar no escuro vazio do casulo, ela emerge radiante e livre, vivendo o grande mistério de sua metamorfose. Todos os estágios de seu desenvolvimento aparecem com destaque em sua esvoaçante mensagem.

Os estágios da metamorfose da borboleta correspondem aos estágios do crescimento espiritual humano. Como as larvas, somos ainda inconscientes de tudo, com a exceção do que está à nossa frente. Entramos nas profundezas de nós mesmos, no casulo, para nos transformar e, quando rompemos a casca e levantamos vôo, estamos espiritualmente livres para dividir nossa felicidade com o mundo inteiro.

As borboletas são também um símbolo de fragilidade, mais por sua transparência à luz do que por qualquer fraqueza intrínseca. Elas são, no entanto, uma espécie sensível à devastação do ambiente. Com o desmatamento e os pesticidas, muitas variedades de borboletas estão se extinguindo. Uma dessas espécies, batizada de Rainha Alexandra, foi descoberta em Papua-Nova Guiné por um explorador dinamarquês há pouco tempo, na década de 1940. Pouco sabemos sobre ela já que mal descobrimos sua existência. No entanto, ela já está ameaçada por nossa civilização invasora. As asas dessa borboleta de hábitos noturnos parecem asas de pássaro, com uma envergadura de quarenta e cinco a sessenta centímetros. Os machos são magnificamente coloridos, combinando vermelho, turquesa e dourado. A tribo Gimi, os únicos vizinhos humanos dessas borboletas, também está se aproximando da extinção. Ambas as populações vivem numa floresta de palmeiras, perto do litoral. Mas a extração de óleo vem dizimando essas palmeiras, principal fonte de alimento e abrigo para essas borboletas.

As borboletas representam liberdade e espírito, embora sejam caçadas há muito tempo como itens de coleção. Com seu tamanho incomum, as borboletas Rainha Alexandra são especialmente procuradas. Hoje, os programas de procriação escravizam as espécies sob o pretexto de preservá-las, alimentando o materialismo daqueles que as privam da alma e lhes perfuram o coração para exibi-las em mostruários.

A Borboleta Arco-Íris, que trouxe esta viagem ao Caldeirão, ajuda a melhorar a auto-estima. Pessoas com medo de enxergar seu verdadeiro rosto interior desperdiçam muita energia criando máscaras para se esconder. Com suas qualidades transformadoras, a Borboleta Arco-Íris é uma grande aliada no incremento da auto-estima, o que permite que as pessoas sejam o que são e apreciem a própria beleza.

Formule uma idéia ou conceito do que você quer ser e de como quer se ver. Depois, faça esta viagem e entre em você mesmo. Quando sair do casulo, você terá se transformado no que pretendia ser. A vestimenta que a borboleta traz da escuridão e do mistério do casulo é a beleza do seu espírito em toda a sua glória. A metamorfose da Borboleta se refere ao mistério do que acontece quando entramos na escuridão de nós mesmos para manifestar a beleza que nascemos para criar.

A Viagem da Borboleta

Use a alquimia de sempre. Só que, desta vez, o vapor vai se condensar, sair pela coroa e formar um belíssimo raio de luz... Acompanhando esse raio, guiado e protegido por Thoth, você entra num casulo... Dentro do casulo, você é envolto por uma gaze suave e cristalina, que o mantém delicadamente no lugar. Um constante batimento de coração marca o tempo, enquanto você se transforma em pupa nesse ventre de seda... [*Pausa.*]

Perto do estágio final da metamorfose, você vê reflexos ou luzes coloridas tremulantes, que são a radiância do seu ser nas fibras cristalinas do casulo, permitindo-lhe um vislumbre de sua beleza interior. Há uma transmissão de energia quando essa radiância atinge as fibras do casulo. Ela espelha a criação divina que você é, recodificando-se através da auto-estima. Alegre-se e aqueça-se nessa radiância e nesse esplendor de cores que penetram a escuridão do casulo... [*Longa pausa.*]

Borboleta

As paredes do casulo começam a se desintegrar. Finalmente o casulo se abre e você começa a esticar as asas. É um processo lento, pois você está molhado e precisa de tempo para se secar. Abra bem os braços e sinta as asas coloridas se abrindo. Elas são primorosas. Sinta sua energia e delicie-se com os desenhos coloridos. Aproveite a alegria: suas correntes se soltam e você sai voando... Você é uma borboleta magnífica. Essa forma vai ficar para sempre com você. Aproveite o vôo, dançando à luz do sol como uma flor voadora... [*Longa pausa.*]

Quando estiver pronto, enrole as asas no corpo e deslize de volta à forma humana, levando consigo a radiância de sua linda borboleta.

Não tenha pressa: compartilhe sua experiência com Thoth...

[*Thoth o ajudará a voltar à consciência comum...*]

Coruja
Alquimia/Visão Noturna

A coruja é um dos pássaros mais controversos, evocando uma série de associações que vão desde morte, medo e mau agouro até sabedoria, proteção e vitória. A "velha e sábia coruja" está ligada à deusa grega Atena e aparece sentada em seu ombro, como encarnação do intelecto frio, claro e equilibrado do Vento Norte. Muitas tradições indígenas vêem na coruja um arauto da morte. No entanto, ela nos fala de mudança e transformação e nos ajuda a superar o medo da transformação que chamamos *morte*.

A coruja é uma silenciosa caçadora noturna, que percorre a mais densa floresta com asas de veludo. Embora mais conhecida por sua aguçada visão noturna, ela enxerga muito bem à luz do dia.

No Caldeirão de Ouro, a Coruja é a passagem para o desconhecido. A noite é um momento de descanso para quase todas as criaturas mas, na presença da Lua, quando as árvores dormem e tudo repousa, você pode mudar as coisas e redistribuir as peças da sua vida. Nesta viagem, a Coruja o leva a um lugar de alquimia, onde é possível transformar chumbo em ouro, metaforicamente falando. A verdadeira alquimia consiste em pegar o material bruto e ordinário de que somos feitos e nos transformar no ouro alquímico — a pedra filosofal, a iluminação. Com a ajuda da Coruja, você toma consciência de todos os aspectos do poder da mudança, tornando-se capaz de observar e sentir onde ocorrem as alterações. Sob certos aspectos, o *processo* de mudança é mais importante do que o resultado.

É importante ponderar com cuidado que aspecto seu você quer trabalhar durante esta viagem. Quando é usado para o mal, o poder da Coruja volta e atinge o responsável. Demore-se apenas o tempo necessário para obter a resposta relativa à mudança que pretende efetuar. Faça uma pergunta por viagem e escolha o assunto que pretende trabalhar antes de ir ao encontro da Coruja. Esta viagem é um tanto complexa, exigindo experiência e clareza de intenção. Mantenha a mente vazia, limpa e livre para que o novo possa entrar — assim, você aprenderá uma lição sobre receptividade.

A Coruja consegue ver as linhas ley na Terra. Como vive entre os mundos, ela é capaz de iluminar locais escuros e vai ensiná-lo a criar espaço em coisas que são densas demais para permitir a entrada da luz. Deixando a luz entrar, você consegue enxergar no escuro. É bom trabalhar com a Coruja para regenerar a visão, tanto física quanto psíquica. Embora esta viagem esteja relacionada à *visão*, pode ser que, em uma outra ocasião, a coruja repita o processo para trabalhar a *audição*, já que ela tem também o dom da clariaudiência.

A Viagem da Coruja

[*Faça a alquimia do Caldeirão...*]
Thoth está coberto de penas e dançando. A Coruja aparece — primeiro a cabeça, depois o corpo, e agora você a vê inteira. Ela é branca, com asas manchadas e de pontas castanhas. Os olhos escuros não piscam e estão fixos em você. Olhá-los é como olhar para o espaço — e você é atraído pela abertura das pupilas enormes. Você não desvia os olhos e ela se transforma de animal em símbolo: sua presença é agora grandiosa. Com as asas abertas, ela é a passagem para o mundo escuro que há do outro lado. Atravessando a luz profunda dos olhos dela, você consegue ver as estrelas. A escuridão não é negra mas azul: um azul noturno e denso.

Mais adiante ergue-se uma pirâmide gigantesca, que tem as qualidades de um prisma. Aproximando-se, você percebe que a luz de uma estrela, que está a uma certa distância, a atravessa. Observe a luz com atenção: ela é refratada pela pirâmide, formando um arco-íris. Preste atenção na luz que entra na pirâmide. Fragmentos de arco-íris da luz branca que você está observando vão em direção à pirâmide e entram com facilidade. Depois de entrar, a luz é transformada: você observa a mudança em sua qualidade...

Você é atraído em direção à pirâmide. Para entrar, precisa desacelerar a luz desacelerando o tempo. Você está no nível das partículas de luz e, ao vê-las entrando na pirâmide de cristal, consegue segui-las facilmente...

Dentro da pirâmide, você se transforma na Coruja. Sinta as penas na cabeça. Seus braços são asas abertas, silenciosas e fortes. A Pirâmide é um lugar de alquimia, um lugar onde você pode transformar seus aspectos indesejáveis em recursos. Trabalhe agora a questão que trouxe consigo na viagem... [*Longa pausa.*]

Coruja

Quando esta parte da viagem terminar, voe até o topo da pirâmide. De lá, seu eu-coruja levanta vôo no céu da noite, percorrendo uma grande espiral até entrar numa floresta... Entre as árvores, a luz da Lua e das estrelas desaparece. Com asas silenciosas, mergulhe entre as árvores. Você enxerga com clareza, como se seus olhos emitissem raios infravermelhos, penetrando a matéria para tocar a força vital interior.

Pouse num galho de árvore confortável. Do seu poleiro, observe a floresta e veja que tudo vai bem. Para onde quer que olhe, a floresta está em paz. Você consegue distinguir as pedras das outras matérias vivas pela densidade. Brinque um pouco com essa nova capacidade de enxergar a vida na escuridão e sob a capa da matéria... [*Longa pausa.*]

Na hora de voltar, você ouve Thoth piando como uma coruja. Responda e voe para o lugar onde ele o espera... Transforme-se em sua forma humana e converse um pouco com ele, discutindo a experiência e recebendo qualquer outra orientação que ele tenha a lhe dar nesta oportunidade...

[*Thoth o ajudará a voltar ao corpo...*]

LEOPARDO PERSA
Tristeza

O leopardo persa é uma subespécie de leopardo que vive no centro e no norte do Irã. Os espécimes encontrados nas montanhas do norte do Irã são maiores, com magníficos pêlos longos, enquanto os que vivem no Irã central são menores, com pêlos curtos e claros. A pele desses leopardos sempre foi muito valorizada e os guerreiros a usavam nas batalhas. A demanda da moda moderna fomentou caçadas implacáveis que, embora ilegais, deixaram em perigo de extinção essas graciosas criaturas.

A tristeza é uma grande mestra e uma parte inevitável da vida. A experiência de estar quase extinto faz com que o leopardo persa compreenda a tristeza. Embora alguns tenham se reproduzido com sucesso em cativeiro, restam pouquíssimos na selva. Ele é, portanto, um aliado ideal: através dele você pode lidar com mágoas não resolvidas e com outras questões relativas à tristeza.

O medo da tristeza e o medo da extinção nos deixam perplexos. São forças de forte impacto. Quem sofre uma perda está basicamente sozinho em sua tristeza. Nossa cultura não respeita nem define para nós esse processo. Muitas pessoas reagem à mágoa esperando que os outros lhes mostrem como devem se sentir, em vez de respeitar os sentimentos que ocorrem naturalmente.

A tristeza nos prende a quem nos deixou tristes. Nesta viagem, você tem a oportunidade de se libertar sem enfraquecer a relação. E pode até ter contato direto com a pessoa que inspirou sua tristeza.

Ao atravessar a porta e reviver as causas da tristeza, você poderá modificar o que não consegue controlar, pois a realidade cotidiana é apenas um nível de existência. Ela pode ser modificada nos outros níveis de realidade. O leopardo que está se extinguindo aqui não está extinto em outros lugares, em outras realidades, onde foram feitas escolhas diferentes.

Nesta viagem, é importante se firmar bem no chão e proteger o espaço em que estiver trabalhando. Para isso, peça a todos os animais do Caldeirão que protejam seu espaço durante o processo. É bom também defumar o local com cedro, sálvia ou outro incenso apropriado.

A Viagem do Leopardo Persa

[*Faça a alquimia...*]
A Velha está à sua espera. Você vê apenas sua mão esquerda, que ostenta um anel de pedra verde ou vermelha. A mão acaricia o Leopardo Persa, que está enjaulado e sozinho. Você tem uma imediata sensação de tristeza ao ver esse felino grande e gracioso cercado pelas grades da jaula. Há solidão e tristeza em seu isolamento, na consciência da iminente extinção de sua espécie. Uma sensação de perda lhe pesa no coração e no peito. Suas emoções estão agitadas...

O Leopardo Persa o convida a entrar na jaula para sentir como é estar só e virtualmente extinto. Nessa estreita proximidade, você divide com ele a tristeza, a consciência de que todos os seus filhotes foram caçados. Ele está dilacerado por dentro. Sinta essa tristeza no próprio corpo. Há uma sensação de choque e incredulidade quando você percebe a dor do sofrimento dele e toma consciência da sua própria mortalidade e do medo da eliminação ou da perda... [*Pausa.*]

A solidão pesa sobre você com o peso da espécie do Leopardo. Procure achar uma saída, um modo de se livrar dessa pesada carga de tristeza... Quando você finalmente sai pelo outro lado dessa incrível emoção de solidão, há um alívio, uma sensação de libertação...

A Velha aparece por inteiro e o leva ao centro do seu coração, onde arde a chama eterna da vida sobre o altar do seu templo mais sagrado. Agora, com a ajuda da Velha e do Leopardo Persa, você tem a oportunidade de lançar ao fogo os sentimentos negativos de tristeza. Decida quais os aspectos de sua tristeza que você está disposto a abandonar agora: tristezas específicas, negatividade, solidão ou o que lhe parecer apropriado. Como esta parte do processo é muito potente, é possível que você sinta alterações físicas no corpo... [*Pausa.*]

Às vezes, suas tristezas mais profundas ficam escondidas a portas fechadas. Neste momento, essas portas podem ser abertas com segurança para que você possa lidar com questões de difícil acesso em outras condições. Ao lançar ao fogo a sua tristeza, é possível que você precise reviver as situações difíceis que causaram esse sentimento — mas você terá o conforto da presença do Leopardo Persa e da Velha. Ao recriar a experiência, você pode ter uma interação direta com as pessoas relacionadas à sua tristeza. Ouça a mensagem que elas lhe transmitem nesta oportunidade... [*Longa pausa.*]

O Leopardo Persa tem mais uma mensagem para você, pois ele compreende sua situação... [*Pausa.*]

Você pode lhe dar, como presente, alguma coisa que proporcione uma nova energia à espécie...

A Velha põe a mão sobre sua cabeça e o abençoa...

Thoth aparece e você lhe relata sua experiência.

[*Thoth o ajuda a voltar ao corpo...*]

LEOPARDO-DA-NEVE
Medo

O leopardo-da-neve é um magnífico e misterioso caçador do Himalaia, ardiloso e raro. A citação a seguir é de uma fêmea do leopardo-da-neve, exatamente como ela se apresentou a mim:

> Meu nome é Scimitar. Sou uma fêmea do leopardo-da-neve. Estou aqui para trazer o medo à sua vida. Vivo como o vento gelado do norte. Quando ouvir meu rugido, saberá que estou à sua espreita. O sangue vai congelar em suas veias. Vou persegui-lo implacavelmente. Vou espreitá-lo sem cessar, pouco importa para onde vá ou que direção tome. Estarei ali, olhando fixamente dentro dos seus olhos. Sinta o medo. Está sentindo o pânico? Se não está, deveria, porque vou devorar suas entranhas. Sou uma felina caçadora. Quando capturo minha presa, arranco-lhe as tripas macias com minhas patas traseiras. Vou estraçalhá-lo, vou obrigá-lo a enfrentar seus medos mais íntimos. Não adianta fugir porque eu vou encontrá-lo — nas cidades ou nas montanhas. Eu o deixarei esperando. Sem me apressar, eu vou brincar com você.
>
> Quando você finalmente parar de correr — quando enfrentar o medo e encontrar em você aquele lugar que sabe que a única alternativa é ficar firme e me encarar —, vou caminhar lentamente até você, olhar dentro dos seus olhos com meus olhos verdes e derrubá-lo.
>
> Através do seu medo de mim, vou levá-lo a alguns lugares e você vai aprender coisas a seu respeito que só o medo poderia ensinar. Depois que me encarar, vou me enrolar ao seu lado para aquecê-lo e caminhar com você aonde quer que vá: serei sua companheira guerreira sempre que uma guerreira se fizer necessária.

Não embarque nesta viagem levianamente. Escolha um lugar de total segurança e sem nada que o distraia. A viagem pode levar bastante tempo.

Este trabalho, como a vida, não pode ser só conforto e bem-estar. Às vezes é preciso sentir medo — ficar prensado contra a parede — para descobrir recursos até então desconhecidos. Além disso, o medo expõe aquelas partes suas que você procura esconder. Se tiver coragem de fazer esta viagem com o Leopardo-da-Neve, se tiver coragem de olhá-lo nos olhos, você vai descobrir que os olhos dele são espelhos que refletem partes suas que precisam se desenvolver — aquelas partes de que você foge e se esconde, aquelas partes desconfortáveis.

Pode ser que ele estenda a pata e rasgue um pedaço seu e depois fique brincando com ele, como o gato faz com o rato. Não faça esta viagem se não quiser ver aqueles aspectos seus que lhe trazem desconforto — mas saiba que se não aceitá-los e não os trouxer para a luz, não vai seguir adiante.

Os leopardos-da-neve costumam arrancar as entranhas de suas presas. O que os intestinos simbolizam para nós? Em geral, o simbolismo envolve excreções ou toxinas, aquelas partes que são eliminadas, os nossos resíduos. Eles se relacionam também ao medo visceral. Nesta viagem, perceba em que regiões do corpo você sente o medo e observe seu comportamento instintivo. Pode ser que descubra que ele é diferente do que você esperava.

Trabalhando seus medos com o Leopardo-da-Neve, você adquire percepção de felino — a clareza e a agudeza dos gatos. O reino dos felinos abre a atenção e a sensibilidade. Lá, há força e suavidade combinadas e a consciência de quando usar uma ou outra. No Caldeirão, o Leopardo-da-Neve é a porta de entrada. Todo mundo passa por sua inspeção antes de ser admitido no reino dos felinos. Cada experiência que se tem dele é diferente, dependendo do que ele considera adequado no momento.

O Leopardo-da-Neve é um solitário e se aproxima em total silêncio. Vivendo no alto do Himalaia, os leopardos-da-neve são muito raros e evitam qualquer contato com seres humanos. É muito difícil encontrar um deles e o valor de sua pele tornou a caça extremamente lucrativa, apesar de ser ilegal. Essa caçada cruel é devastadora para a espécie — que está ameaçada.

O medo é um grande mestre, muitas vezes incompreendido. Estar com medo não é ser covarde. No entanto, é preciso coragem para encarar os próprios medos e permitir que eles nos atravessem. A viagem do Leopardo-da-Neve exige que você olhe, sinta e conheça o medo — e que faça as pazes com ele, pois não há como escapar. O medo é uma experiência solitária, no sentido de que só você pode lidar com ele.

Se for possível, faça esta viagem sozinho, à noite, no mato. Se não for possível, crie um lugar assim, nem que for em sua imaginação.

A Viagem do Leopardo-da-Neve

[*Encontre um local de poder que lhe pareça adequado para este trabalho. Quando você sai da alquimia do Caldeirão, já está anoitecendo...*]
Quando sua visão entra em foco, você se vê numa trilha de montanha, numa área cheia de rochas, que fazem das trilhas um labirinto. A escuridão avança e você procura um lugar seguro para passar a noite.

No silêncio do lusco-fusco, você começa a pensar nas coisas de que tem medo... [*Pausa.*] De repente, sente a presença de alguém ou de alguma coisa... Uma pedra cai e você se sente espreitado...

Vindo lá de cima, à sua direita, um rugido dilacera a quietude do anoitecer e o enche de terror. O rugido é inconfundível: é o Leopardo-da-Neve. Você começa a correr pela trilha à sua esquerda, com a esperança de escapar. Mas um movimento indistinto revela que ele pulou para a pedra à sua frente. Você pára,

congelado, os dois presos num olhar, os olhos cor de esmeralda do leopardo brilhando...

Ele está caçando... E você é a caça... Dê meia-volta e corra. Há uma passagem estreita nas pedras à sua direita. Você se espreme entre elas, esperando que a passagem seja estreita demais para o leopardo. Fique quieto. Mas você é traído pela própria respiração. Você tenta silenciá-la mas algumas pedras se mexem lá em cima e você percebe que ele está perto. Você faz uma tentativa de voltar correndo pelo mesmo caminho mas ele o golpeia com a pata dianteira, rasgando-lhe o couro cabeludo. O sangue lhe escorre pelo rosto. Sinta o gosto salgado e ferroso do seu sangue. Você está fora de si e seu terror aumenta ainda mais quando percebe que ele está brincando com você. Você pega outra trilha. Ela faz uma curva fechada — e termina num sólido paredão de pedra. Você está encurralado...

Voltando as costas para o paredão, você o vê se aproximando. Não há terror nos olhos dele. Ele chega cada vez mais perto, com a cauda balançando de um lado para o outro. Você estende a mão e suas unhas arranham o paredão, à procura de alguma coisa que sirva de arma para se defender. Ao mesmo tempo, você sabe que pertence ao leopardo. Você está preso aos olhos dele e ele o olha fixamente, penetrando o seu ser. Isso parece durar uma eternidade...

Por fim ele dá o bote e, com a pata dianteira, dilacera seu abdômen e os intestinos saem para fora...

Nesse momento eterno além do pânico, você é forçado a se ver como realmente é... Ele põe a pata enorme em seu peito e o encara. Sempre que você tenta se mover, ele põe as garras para fora e o impede...

Finalmente você se rende ao momento, sabendo que é o fim — não há saída, você vai morrer — e então consegue olhar nos olhos do leopardo com total aceitação. Abra conscientemente o coração e relaxe o corpo físico. Jogue a cabeça para trás e lhe ofereça o pescoço... O Leopardo retrai um pouco as garras. Calmamente, ele começa a lamber o sangue que lhe escorre pelo corpo e, então, olha para você, com o verde dourado dos olhos brilhando na escuridão.

Fique junto do Leopardo-da-Neve e receba mais alguns ensinamentos sobre sua relação com o medo... [*Longa pausa.*]

Ele o fareja e ronrona — e você percebe que o processo de criação de vínculos se concluiu. Uma sensação de alegria invade seu espírito quando você se dá conta da barreira que rompeu...

Quando concluir sua experiência com o Leopardo-da-Neve, Thoth estará lá. Discuta a experiência com ele...

[*Thoth o ajudará a voltar ao corpo... Você se sente seguro e protegido, capaz de realizar qualquer coisa... Firme-se no chão e centralize-se...*]

CROCODILO
Consiga o que Quer

No Egito, o crocodilo era venerado como o deus Sobek, que é uma figura muito importante, embora geralmente incompreendida, do panteão egípcio.

Para quem precisa recuperar o equilíbrio, Sobek é um bom aliado. Seu trabalho está relacionado ao cérebro. Nos seres humanos, o hipotálamo corresponde ao cérebro reptiliano. O forte potencial de cura de Sobek está associado ao hipotálamo, a parte do cérebro que controla o sistema nervoso autônomo — as glândulas, os músculos lisos e todas as funções inconscientes. Nessa área, Sobek é rei: ele controla todas essas funções, ocupando uma posição-chave na comunicação com o corpo. A mente consciente tem a capacidade de se comunicar com a mente inconsciente, percebida, em geral, como sensações viscerais ou intuição.

Sobek, em seu trono no hipotálamo, é o intermediário entre o sistema nervoso, o sistema endócrino, as glândulas e os hormônios. Ele detecta as alterações no corpo e dirige os hormônios. O hipotálamo é central no fenômeno do domínio que a mente exerce sobre o corpo. O cérebro reptiliano está relacionado às emoções primitivas — raiva, agressividade, sexo e todos os impulsos ligados ao nosso lado animal. Ele controla também a temperatura do corpo.

Como o hipotálamo regula os ritmos biológicos, Sobek está intimamente ligado ao fluxo e refluxo natural das coisas. A parte do cérebro onde ele reina é conhecida como "centro da alimentação", que regula a sensação de fome. Por isso, Sobek pode ajudá-lo com relação a certos problemas digestivos. Os centros da sede e as funções de sono e vigília também estão incluídos em sua esfera de influência.

Para se tornar divino, você tem que aceitar o eu animal e equilibrar o eu reptiliano. O crocodilo é a forma mais elevada de desenvolvimento do réptil, o supervisor da parte reptiliana do cérebro humano. Ele faz a ligação entre a esfera intuitiva e a esfera científica.

O medo que você tem de crocodilo diminui através do reconhecimento da própria determinação e do senso de humor de Sobek, que é mais reptiliano do que cerebral e tem como base o prazer. Em geral, suas brincadeiras são inocentes e se referem a ele mesmo.

A viagem que Sobek trouxe ao Caldeirão diz respeito à capacidade de conseguir o que se quer. É uma viagem muito poderosa, que deve ser usada com parcimônia. Depois de aprender como o Crocodilo atinge suas metas, seja seletivo com relação ao uso desta técnica e defina sempre uma meta antes de visitar Sobek. Peça apenas uma coisa a cada viagem para que possa se concentrar exatamente no que você quer. E lembre-se: tome cuidado com o que pede — porque é bem possível que consiga!

A Viagem de Sobek

[*Faça a alquimia...*]
Thoth o leva a um templo no Egito, às margens do Nilo. Na lateral do templo, uma escadaria leva até a beira de uma piscina natural ou lago bem grande, com juncos e outras plantas aquáticas.

Da água, vários pares de olhos o observam e logo você distingue o topo da cabeça dos crocodilos. Começando a nadar, eles criam um funil, um redemoinho na água — e o chamam com a cauda, convidando-o a pular no centro do redemoinho... Pule.

Você é puxado para baixo, para baixo, para baixo — e cada vez mais para baixo. Não há mais água, mas apenas pele de crocodilo à sua volta. As paredes do funil estão forradas de crocodilos. Girando, você se transforma em crocodilo. A sensação é reptiliana, diferente de um mamífero — e também diferente da cobra. Sinta as escamas em seu corpo alongado e as enormes garras nos pés. Você não enxerga muito bem o que está à sua frente, mas consegue enxergar dos lados e revirar os olhos que ficam nas laterais da cabeça. Abra completamente suas mandíbulas. Vá se acostumando aos dentes, ao seu tamanho e à forma que têm agora...

Deixe as mandíbulas meio abertas e os olhos meio revirados. Relaxe e examine as coisas do ponto de vista crocodiliano. O redemoinho se desfez. Há outros crocodilos por perto, à espreita. Perceba como eles se comunicam entre si...

Crocodilo

Do ponto de vista do Crocodilo, você aprende a observar, a ver com mais clareza, a dar o bote no momento certo e a ser paciente enquanto esse momento não chega. Enquanto espera, pense exatamente no que você quer. Comece a armazenar energia, esperando o momento propício e se preparando para atacar. Perceba que, nesse langor, você armazena energia e acumula tensão. Por fora você está relaxado, esperando pacientemente — mas essa calma exterior é como uma concha em torno de uma bomba.

Fique atento ao acúmulo de tensão no jogo de espera do Crocodilo. Você sabe o que está procurando. Sinta a força e o poder se acumulando. Esse acúmulo começa no meio do estômago e se espalha: é como encher um balão de ar. No fim, você se sente repleto, com o corpo cheio até a borda, estufado: você estremece com a abundância de poder que se juntou dentro de você.

Concentre-se. Você já identificou o que quer quando estava no estado de repouso, de relaxamento, e sabe exatamente quando se movimentar, quando liberar a energia armazenada. Agora concentre-se claramente no que você quer — e vá atrás! Você salta como uma armadilha pronta a se fechar sobre a meta... [*Longa pausa.*]

Terminado o trabalho como Crocodilo, dê algumas chicotadas com a cauda para chamar o redemoinho. Você é puxado, sugado de volta para o redemoinho — voltando, voltando, voltando, até a beira da piscina. Você encontrará seu eu junto à margem, enquanto o Crocodilo mergulha nas águas da piscina.

Faça uma oferenda de alimento ao seu amigo Crocodilo... Receba as mensagens que ele tiver para você nesse momento.

Thoth está ali para discutir a experiência com você...

[*Quando chegar a hora, Thoth o ajudará a voltar ao corpo...*]

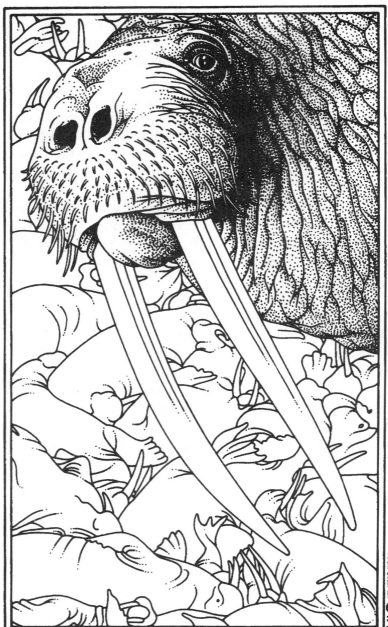

Morsa
Relação com o Dinheiro

A Morsa veio para nos ajudar a curar nossa relação com o dinheiro. Nesta viagem, ela surgiu parecendo um banqueiro, com bigode, mas sem charuto. Seu reino é o mar copioso. A Morsa simboliza o dinheiro por causa da generosidade do seu corpo, que oferece abundância aos caçadores. Suas presas, que servem para tirar moluscos e mariscos do fundo do oceano, são de marfim e muito procuradas. Sua gordura produz óleo, para gerar luz e calor.

As morsas nos parecem um tanto irritadiças mas não é verdade: normalmente plácidas, é compreensível que ataquem seres humanos quando se sentem ameaçadas. Para os esquimós que vivem na costa do Ártico, do Alasca à Groenlândia, a caça à morsa era perigosa, mas valia a pena. Com seus ossos eram feitos os arpões usados para matá-las. A carne era guardada para alimentar os cães puxadores de trenó e a pele era usada para cobrir o casco dos barcos. Com os dentes e as presas eram feitos anzóis, pentes e outros utensílios, e o marfim era usado nos entalhes feitos pelos artesãos.

A Morsa se sente à vontade com a idéia de dinheiro, que para ela é mais uma ferramenta a ser posta em equilíbrio, no nível pessoal e planetário. Quando resiste ao dinheiro, você bloqueia o fluxo de energia, provocando o surgimento de obstáculos e doenças. Querer controlar o dinheiro com atitude frugal modifica o livre fluxo de energia, gerando desequilíbrios. A ambição, por outro lado, faz com que muitas espécies sejam dizimadas para alimentar o comércio de peles e outras partes do corpo. A economia de dinheiro traz segurança, desde que seja feita com consciência e boas intenções. Do contrário, haverá desequilíbrio.

Curando sua relação com o dinheiro, seu nível de energia vai aumentar. A Morsa pode ajudá-lo a fazer investimentos, mostrando-lhe como administrar seus recursos financeiros. Ela pode ajudá-lo também a fazer negócios, o que é muito útil para quem trabalha por conta própria.

As morsas vivem em bandos e migram anualmente. Em terra parecem desajeitadas, mas nadam com muita graciosidade. Viajam grandes distâncias no mar porque conhecem as correntes e sabem se ajustar ao fluxo e aos movimentos da água. Às vezes, em vez de nadar elas preferem pegar carona em geleiras flutuantes que seguem para o norte. As morsas podem ensiná-lo a seguir o caminho da menor resistência para esclarecer as coisas e pôr a energia em movimento. A cura da Morsa está relacionada à energia e ao modo como ela flui. Por isso, ela é especialmente benéfica para quem tem pressão alta, já que ensina a desentupir as artérias e a desobstruir os fluxos do corpo.

Antes de fazer esta viagem, concentre-se nas questões referentes ao dinheiro e ao que ele significa para você.

A Viagem da Morsa

[*Faça a alquimia...*]
Peça a Thoth para levá-lo à Morsa e ele lhe indicará uma praia gelada no litoral ártico. A paisagem é plana e branca, à exceção de blocos volumosos, rodeados pelo fluxo incessante de água, gelo e neve. A linha da costa se junta imperceptivelmente ao céu igualmente pálido. O fraco sol do Ártico aquece as morsas deitadas nessa praia inóspita, perto das ondas violentas e das pedras.

Quando você vê as morsas, o que lhe salta aos olhos é o tamanho. Uma das morsas chama a sua atenção. Pode ser um dos machos enormes, estendidos opulentamente ao sol, ou uma das fêmeas, que são bem menores. Olhando sua amiga morsa nos olhos, você sente uma espécie de vínculo. Com os sentidos mais agudos, você ouve os sons das morsas com mais clareza e descobre que tem um conhecimento inato dessa língua. Sua Morsa o convida a chegar mais perto e você vê as presas, os bigodes e as dobras da pele gordurosa. A Morsa lhe oferece sua amizade...

Fique alguns momentos em comunhão com a Morsa: ela vai lhe mostrar como lidar com o dinheiro de um modo mais produtivo e saudável. Ela lhe dará informações sobre sua situação financeira atual e lhe mostrará como pode ajudá-lo no trato com o dinheiro... [*Longa pausa.*]

A Morsa espera que você use as informações que recebeu. Lembre-se delas quando precisar tratar das questões abordadas nesta viagem. Ela lhe oferece um talismã: uma pequena imagem entalhada de si mesma para que você possa chamá-la sempre que precisar de um conselho...

Pode ser que a Morsa compartilhe outras técnicas de cura com você. Talvez ela lhe ensine a remover blocos de energia ou a usar a energia disponível. Esteja disposto a se surpreender... [*Longa pausa.*]

Para agradecer à Morsa, uma das opções é enviar a energia do seu coração para o planeta, ajudando assim a remediar os desequilíbrios causados pelo mau uso do dinheiro. Quando estiver pronto, chame Thoth e discuta com ele sua experiência...

[*Thoth o ajudará a retornar ao corpo...*]

CANGURU
Contrapeso para o Mal

Um dos primeiros animais australianos que nos vêm à mente é o canguru, um marsupial que vive no interior do país como os cervos vivem na América do Norte. Há mais de sessenta espécies de cangurus. Eles são, para os aborígines, o que eram os búfalos para os índios norte-americanos: ambos simbolizam a abundância. Como os búfalos, esses maravilhosos animais fornecem alimentos, fibras, vestuário e ferramentas. Muitas das danças e cerimônias dos aborígines representam a caça ao canguru ou o seu comportamento. Infelizmente, os cangurus são considerados uma praga por muitas pessoas, que os matam por esporte, só para se livrar deles.

Os cangurus são aliados muito poderosos. Se você tem conhecimento de algum mal no planeta, leve sua queixa aos cangurus, que farão um antigo ritual para contrabalançar o mal perpetrado pelos seres humanos. Seja seletivo com relação aos assuntos que decidir apresentar a eles.

Esta é uma viagem de exploração no "Mundo Superior" dos aborígines. Cada vez que voltar aos cangurus, você vai compreender melhor a natureza dessas maravilhosas criaturas e a ligação com o Mundo Superior que elas lhe proporcionaram.

Ponha para tocar uma fita de *didgeridoo:* a música pode intensificar sua viagem.

A Viagem do Canguru

[*Faça a alquimia...*]
Thoth veste peles de canguru nos pés e nos ombros. Você está olhando para uma vasta extensão, onde há vários cangurus. Acostume-se a essa paisagem

aberta. Ao longe, você vê os ventos do diabo — funis escuros e rodopiantes anunciando a vinda de uma tempestade. A atividade do vento é um alerta para os cangurus, que vêm de todas as direções para um lugar próximo a você, onde há uma passagem para dentro da terra. Ao se aproximar, você percebe que muitos são pessoas vestindo peles de canguru. Siga os cangurus, entrando num antigo e secreto ponto de encontro, no fundo de uma caverna sob a superfície da terra. Lá embaixo, está em curso uma cerimônia tribal. Você ouve o zumbido grave e vibrante do *didgeridoo*.

Os cangurus formam um círculo e você se torna parte desse círculo. No centro, há uma pintura no chão, em preto, vermelho e branco, compondo um desenho abstrato em formato circular. A imagem dessa pintura pode mudar durante a cerimônia. Abra o coração e expresse o que o incomoda — qual é o mal que requer a atenção desses poderosos aliados... [*Pausa.*]

Você recebe um ensinamento sobre a situação específica que apresentou ao conselho... Preste atenção — talvez receba alguma instrução relativa a alguma coisa que você pode fazer para ajudar...

Vindo das sombras, um espírito de cura, usando máscara, entra no centro do círculo. O espírito é uma pessoa pequena com uma cabeça bem grande. Os cabelos são selvagens — brancos, desfiados, emaranhados. O corpo parece cinza, como se tivesse sido polvilhado com uma substância calcária. É um guerreiro muito valente.

Ele percorre o centro do círculo, entregando cordas coloridas a todos. As cordas saem de sua barriga, como cordões umbilicais. Segure a corda com firmeza. Quando todos tiverem uma corda, o espírito de cura se apóia no pé direito e começa a se mover em espiral para cima e para fora. Todos o imitam, sentindo-se erguer do chão. A espiral começa a ganhar velocidade e altitude. Espiralando, girando, vocês atravessam a crosta da Terra e se vêem acima das planícies, acima da tempestade. O círculo se alarga e os cordões umbilicais se alongam à medida que vocês ganham altitude a cada volta.

Cada vez mais longe da superfície da Terra, você vê o continente australiano lá embaixo. Sua perspectiva muda quando você atinge uma altitude de onde o globo inteiro é visível. Desse ponto, olhando para cima, você vê as estrelas na escuridão do espaço. É como se tivesse chegado à fenda do mundo, ao espaço intermediário onde a comunicação com o Mundo Superior é direta. O espírito de cura manterá esse espaço durante o tempo que

for necessário para você obter informações relativas ao seu pedido inicial...
[*Longa pausa.*]

No momento adequado, o espírito muda de direção, apoiando-se no pé esquerdo. Imediatamente, o círculo começa a girar de volta para baixo, através das nuvens e da crosta da Terra, até chegar à caverna subterrânea...

De volta à caverna, sente-se novamente no chão. As cordas são devolvidas ao espírito de cura.

Quando sair da caverna, molhe a palma da mão no espesso líquido vermelho que há numa cavidade no chão, perto da entrada, e deixe sua marca na parede. Veja as inúmeras marcas de mãos cobrindo as paredes — as marcas de outras pessoas que já passaram por esta iniciação.

De volta à planície, você vê os relâmpagos e ouve, ao longe, o som dos trovões.

Thoth vem ao seu encontro e você pode discutir a experiência com ele...

[*Thoth o ajuda no retorno à consciência comum...*]

Abelha
Retribuição à Terra

Na natureza, as abelhas representam a potência feminina e seu mel é a doçura do amor. Elas são consagradas à Deusa e vivem num matriarcado governado por uma rainha. As sacerdotisas de Afrodite eram chamadas *melissae*, que significa "abelhas". Na Amazônia, as sacerdotisas também eram chamadas de abelhas.

Em geral, o zumbido da abelha é associado ao aumento de energia, levando ao êxtase do nirvana. Há um símbolo de iluminação que mostra uma pessoa deitada numa cova coberta de abelhas. A abelha é um símbolo sagrado muito importante no budismo e, às vezes, o Buda aparece feito de abelhas.

As qualidades de cura da abelha favorecem o trabalho da Deusa, facilitando a cura e protegendo nosso sistema imunológico. Segundo alguns, a picada da abelha é um medicamento contra a artrite e muitas outras possibilidades terapêuticas vêm se revelando à luz da pesquisa recente.

Sem as abelhas, não teríamos flores nem frutos, pois a polinização feita por elas é uma função necessária à proliferação de muitas espécies — elas dão muito mais do que recebem. Com a Abelha, os seres humanos aprendem a não ser gananciosos.

As abelhas são também uma inspiração para quem trabalha com *design* ambiental, paisagismo, arquitetura ou planejamento urbano em geral. Diante do uso do espaço na colméia, tão natural e adequado, nós nos damos conta de que a arquitetura humana se tornou simulada e sintética e de que alteramos o ambiente planetário em nome do que achamos conveniente.

Esta viagem é para quem está disposto a trabalhar com a terra de maneira mais produtiva e saudável, usando processos naturais e retribuindo a generosidade do planeta. Ela permite que as pessoas trabalhem um único aspecto de sua atividade, examinando-o com muito cuidado para conhecê-lo melhor.

Aqui, nós — enquanto comunidade, desde família num nível global — nos esforçamos para aprender a viver em harmonia e paz. Investigamos soluções conjuntas, e não isoladas, para os problemas do mundo. Cada vez que você fizer esta viagem, vão lhe dar uma tarefa a ser cumprida no mundo.

Basicamente, a viagem da Abelha é para quem está interessado em dar à Terra mais do que dela recebe.

A Viagem da Abelha

[*Faça a alquimia do Caldeirão...*]
Thoth está sentado num belo jardim cheio de todos os tipos de flores. Árvores frutíferas com flores brancas e rosadas dançam ao sabor de uma brisa suave e delicada. É um dia quente e a luz do sol abençoa delicadamente a Terra. Thoth abre lentamente a mão, mostrando uma abelha.

É fascinante examinar essa abelha. Observe as faixas de pêlo amarelo e preto. As asas, que tão raramente se aquietam, batem agora num ritmo lento que prende sua atenção. Olhando seus olhos inalteráveis, transforme-se e entre no corpo da abelha...

Compartilhando o corpo de sua nova amiga, você voa em direção à colméia, que fica num oco de árvore. O zumbido de suas asas produz uma vibração cuja freqüência viabiliza a comunicação com as outras abelhas da colméia: é uma assinatura auditiva que lhes permite saber quem é você.

Entre na colméia. Você se dá conta, de imediato, das vibrações de um zumbido que se espalha por toda a colméia e pela área à sua volta... Observe a arquitetura: ela cria um ambiente perfeito para se viver. Essa complexa arquitetura natural combina padrões côncavos e convexos. O zumbido ressoa pelas estruturas, gerando ondas que percorrem seu corpo... [*Pausa*.]

Sinta a harmonia que há entre as abelhas, o ambiente que elas criaram e a sensação de espaço que há dentro da colméia. Ela não parece superpovoada, embora haja muitas abelhas, cada uma trabalhando atentamente na parte que lhe cabe na manutenção da colméia. Atenção: está nascendo em você o desejo de oferecer sua própria contribuição...

É hora de sair em busca de pólen. Você vai para a saída, em meio à atividade incessante da colméia. Lá fora, o jardim exige sua presença. Tendo o sol como guia, você voa de flor em flor, parando resolutamente no centro de cada uma para colher o pólen. O inebriante aroma das flores, combinado ao êxtase do vôo, é absolutamente delicioso...

Depois de colher o máximo de pólen que consegue carregar, você volta à colméia. Ao levar o pólen para dentro, você é estimulado pelo intenso zumbido e começa a dançar, comunicando assim às outras abelhas a localização do bom pólen... [*Pausa.*]

Você é escoltado ao aposento da rainha, onde lhe dão geléia real para comer e instruções sobre sua contribuição à comunidade. Você receberá uma tarefa para completar um ciclo de tirar da Terra e devolver a ela...

Ainda na colméia, comece a ver a natureza de uma nova perspectiva, assumindo mais responsabilidades e incrementando seu papel na interação com o ambiente em que vive neste planeta. Como agradecimento às abelhas, expresse a decisão de fazer alguma coisa para melhorar seu ambiente imediato ou a Terra toda.

Ao deixar a colméia, procure por Thoth e logo estará de volta à terra firme, em sua forma humana, ao lado dele. Peça-lhe mais instruções referentes aos ensinamentos que recebeu aqui...

[*Thoth o ajudará a voltar...*]

Parte V

Viagens para Cura

Estas viagens lhe dão a oportunidade de explorar novas maneiras de curar a si mesmo e aos outros. Muitas outras viagens de *Meditações dos Animais de Poder* contribuem também para a cura, que é um resultado natural da sabedoria e do conhecimento.

Urso
Sonhos/Cristais/Ervas

O Urso é um dos mais antigos seres totêmicos de que se tem registro, oferecendo alimento, força, proteção e sabedoria. Muitas culturas indígenas têm mitos e costumes que demonstram grande respeito pelo Urso. Antigas lendas falam de um tempo em que as pessoas dividiam as cavernas com seus parentes ursos.

A Ursa é a guardiã do chakra do coração da Terra. A viagem que ela traz ao Caldeirão vai aumentar sua consciência do planeta como entidade viva. Até mesmo quem compreende a teoria da Terra como ser vivo pode não tê-la sentido no corpo, no coração e nos ossos. Ajudá-lo a ter essa experiência é a função primordial da Ursa nesta viagem.

Depois de sentir em cada célula do corpo a batida do coração da Mãe Terra, você nunca mais vai esquecer do ritmo que o liga a todas as coisas. O corpo emocional é muito beneficiado pelo reconhecimento do seu elo com essa pulsação. Deixe que ela se torne parte do seu ser. Nunca mais você se sentirá sozinho ou separado da Mãe. Consciente dessa pulsação, você vai começar a compreender o significado do tempo, a inspiração e a expiração como ondas do oceano, como ciclos da Terra. É como repousar a cabeça no peito de quem você ama. A Ursa o ajuda a viver essa ligação profunda.

Com algumas entidades, você pode aprender especificamente sobre a cura. Nesse sentido, Thoth é um dos melhores, já que a compreensão e o conhecimento resultam naturalmente em cura. A Ursa também. Ela é uma aliada especial porque conhece os segredos das ervas e dos cristais encontrados no fundo das cavernas que habita.

A Ursa é uma grande aliada na cura. Graças à destreza de suas garras, ela pode extrair tecidos doentes do corpo e já fez meticulosas cirurgias psíquicas, como parte de uma equipe de cura espiritual. Ela costuma preparar poções com as ervas do seu estoque para aliviar a dor ou, em alguns casos, restaurar a memória, para que a pessoa descubra as causas de sua doença.

As crianças — e a sua criança interior — vão gostar de brincar com a Ursa. Ela adora trabalhar com crianças. Já apresentei minha amiga Ursa para crianças de apenas quatro anos: elas adoram os ursos, como companheiros e como mestres. Um amigo urso pode aliviar o medo de dormir no escuro.

Minha amiga Ursa se chama Eawokka. O nome significa Ursa das Estrelas da Noite. Embora ela seja uma velha fêmea cor de canela, quem viaja para visitar Eawokka visualiza o tipo de urso que lhe serve no momento.

Para visitar a Ursa através do Caldeirão, você vai viajar pelo reino frio e escuro do gelo e dos cristais. Esta viagem o leva a um lugar onde é possível ver auras semelhantes às luzes do norte — à aurora boreal, que é a aura da Terra.

Com a Ursa, você pode viajar às regiões escuras, que mais medo causam às pessoas. Você vai aprender a trabalhar com cristais, já que na caverna da Ursa há cristais que os seres humanos desconhecem, assim como o quartzo e outras pedras mais conhecidas.

Se quiser trabalhar mais com a Ursa, arranje um talismã com a imagem entalhada de um urso para favorecer a ligação de sua mente com os ursos.

Preste atenção às mensagens que a Ursa lhe traz quando aparece em seus sonhos. Os ursos trabalham durante os sonhos, especialmente no período de hibernação, quando trabalham em transe. Se você sonhar com um urso, está na hora de fazer esta viagem.

Sua primeira visita a Eawokka é uma introdução que lhe dá a oportunidade de conhecer as possibilidades da Ursa como aliada e mestra. Assim, quando retornar, você poderá lhe trazer questões específicas. Quando estiver trabalhando com a Ursa, planeje visitas longas, pois ela tem muito a compartilhar e se dispõe a passar muito tempo com você.

Uma batida de tambor, lenta e constante, favorece a viagem. Peça a alguém para tocar para você ou grave uma fita com som de tambor.

Sempre que possível, fique descalço na terra para sentir melhor o ritmo do planeta.

A Viagem do Urso

[*Faça a alquimia...*]
Thoth lhe mostra o caminho que leva à casa da Ursa, nas regiões escuras e frias do Norte. Você se vê num caminho bastante usado numa terra distan-

te de gelo e cristais. O terreno é montanhoso. O caminho sai do vale de um rio, sobe, serpenteando, uma colina e termina na boca da caverna da Ursa. Pare e escute... Dá para ouvir Eawokka dentro da caverna. Ela está balançando de lá para cá, fazendo um som de tambor — bum... bum... bum... — para pô-lo em contato com o ritmo do coração de Gaia, a Mãe Terra. Ouça... Deixe-se entrar em sintonia com a pulsação da Mãe... Sinta-a nas células e nos ossos... Sinta-a através dos pés... [*Longa pausa.*]

Sentindo a pulsação em todo o seu ser, chame três vezes, em silêncio, o nome de Eawokka. Ela virá lentamente à boca da caverna para recebê-lo...

Veja o medalhão que Eawokka usa no pescoço. Talvez ela o deixe montar em suas costas, segurando a corrente do medalhão como uma rédea. Se não, caminhe ao lado dela até um lago imaculado, não muito distante da caverna. Pode ser que ela lhe dê um leve empurrão, para que você pule na água gelada. O choque que você sente ao imergir estimula um nível muito profundo do seu ser. Você fica só um instante na água mas o efeito se prolonga: foi uma poderosa purificação.

Agora Eawokka o leva a algum lugar para começar a estabelecer os parâmetros da relação entre vocês. Ela poderá levá-lo à floresta para colher ervas ou convidá-lo a tomar chá em sua casa, uma oportunidade para compartilhar o conhecimento que ela tem do uso dos cristais. A Ursa conhece também o caminho para as estrelas. Deixe que ela se ligue a você da maneira profunda e intensa que ela lhe reserva nesse momento... [*Longa pausa para concluir essa experiência...*]

Eawokka o leva ao fundo da caverna, onde o teto está cheio de cristais que crescem naturalmente. Está úmido e frio e a água goteja do teto. Ela pára algumas vezes, pega um cristal e o dá a você: é para você trabalhar com ele em seu próprio processo de cura.

Se quiser, ofereça a ela um presente que a ajude em seu trabalho...

Quando terminar, volte pelo mesmo caminho, onde Thoth o espera para compartilhar a experiência..

[*Thoth o ajudará a voltar ao corpo. Não deixe de se firmar no chão e de se centralizar...*]

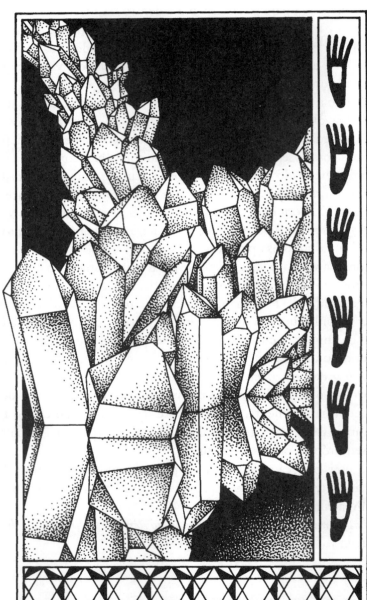

CRISTAIS
Meditação

Todo mundo adora cristais — pela beleza, pela energia e pela facilidade com que se comunicam conosco. Eles se tornaram muito populares como ferramentas de cura e de desenvolvimento da consciência, embora muitas pessoas tenham perdido de vista a natureza sagrada e o verdadeiro valor desses minerais. A indústria de mineração que se desenvolveu em função da tecnologia de computadores, que faz grande uso de cristais, está esgotando os veios ocultos desses belos recursos naturais.

A primeira estrutura da criação era de natureza cristalina. É presunção de nossa parte achar que *nós os* usamos, já que eles são nossos mestres e nossos ancestrais. Os cristais sempre foram universalmente venerados pelos povos indígenas. A história do planeta está encapsulada em cristais de quartzo, que videntes sensíveis conseguem ler.

Há muitas possibilidades de se trabalhar com os cristais como aliados. Eles amplificam os pensamentos e as preces e concentram a atenção. É possível também programá-los para emitir freqüências codificadas, com a intenção de proteger, curar e manter a energia de rituais e cerimônias.

Enquanto estão enterrados, os cristais têm um papel vital na tarefa de manter viva a Mãe Terra. Quando são dinamitados e arrancados da terra, exigem cuidados especiais. Uma das coisas que você pode fazer para curar os cristais é purificá-los para remover o trauma. Isso pode ser feito de várias maneiras: lave-os em água corrente; deixe-os de molho por vários dias, em água com sal marinho, num recipiente ao ar livre para que sejam tocados pela luz do sol, pelo luar, pela chuva e pela neve; lave-os no mar. Você pode também enterrá-los de volta na terra por algum tempo.

Há alguns cristais prontos para o uso: os que são trazidos pelo degelo da primavera ou os que são delicadamente extraídos da superfície da terra. Alguns afloram sozinhos. Com um pouco de esforço, é possível encontrar belos cristais no mundo inteiro.

Apresento esta viagem com a esperança de que a força do trabalho interior com os cristais diminua a necessidade de continuar sua desenfreada extração. Esta caverna de cristais é um lugar a que se pode voltar para meditar e para receber inspiração e revitalização. Nem sempre é necessário levar cristais. Mas nunca entre nesta caverna sem pedir permissão ao urso que a protege.

Nesta viagem, quem enfrenta grandes problemas físicos ou emocionais será revitalizado pela radiante luz dos cristais, um manancial semelhante ao ventre da Mãe Terra. Essa luz traz conforto aos que estão sofrendo. Reserve um bom tempo para esta viagem, a fim de receber sabedoria, conhecimento e informação.

A Viagem dos Cristais

[*Faça a alquimia do Caldeirão...*]
Thoth está à sua esquerda e há uma ursa com ele. A ursa o leva até a entrada muito bem camuflada de uma caverna — que normalmente passaria despercebida. Esse lugar pode estar em qualquer parte do mundo. A entrada dá num corredor que segue para baixo até chegar a uma caverna gigantesca, com muitas câmaras. Ouve-se um som de água pingando, fragmentado por milhares de superfícies facetadas que se projetam do teto abobadado da caverna. Todas elas reluzem. À primeira vista, a fonte da luz é vaga, exibindo um brilho misterioso, quase sinistro.

Vá mais para o fundo da caverna, onde uma abertura natural no teto permite que a luz do sol brilhe diretamente na superfície das paredes. Você percebe, então, que está cercado de reluzentes cristais e pedras preciosas, cujas inúmeras faces refletem a luz, que provém de uma única fonte. O teto e as paredes estão cobertos de cristais e pedras preciosas de todos os formatos, cores e tamanhos. Algumas das câmaras têm geodes que, como ovos rachados, exibem ofuscantes grupos de cristais. Os cristais estão aninhados nas raízes das enormes árvores que crescem acima da caverna, na superfície da terra. Alguns estão em pequenos veios d'água que vêm de cima, forrando o chão com cristais soltos. No ponto em que esses pequenos riachos convergem, há uma piscina de água límpida e gelada, com cerca de meio metro de profundidade, cheia de todos os tipos imagináveis de cristais e pedras preciosas.

Fique em pé ou de joelhos na beira dessa piscina. Abra seu coração e peça permissão para tirar alguns cristais da água sagrada. Prometa respeitá-los, tratá-los com veneração e usá-los pelo bem e pela cura do planeta e de todos os que o habitam....

Os cristais que se prestam a trabalhar com você virão à superfície. Ofereça uma prece de agradecimento pelas dádivas que recebeu e fique atento às instruções sobre o uso dos cristais... [*Longa pausa.*]

Medite durante algum tempo nessa caverna-santuário. Há uma energia incrível nesse lugar, cercado por milhares de cristais e pedras preciosas. Você vai receber um tremendo impulso de cura emocional e física, além de uma grande iluminação. Não tenha pressa: fique enquanto se sentir confortável... [*Longa pausa.*]

É conveniente deixar uma oferenda pessoal nesse lugar, como um pedaço de unha ou alguns fios de cabelo...

Quando você estiver pronto para sair, a ursa o levará para fora da caverna. Não se esqueça de agradecer a ela. Ursos adoram coisas doces, como bolos de mel ou frutas.

Retorne ao local onde Thoth está à sua espera e converse com ele sobre a caverna e a sua relação com os cristais...

[*Thoth o ajudará a voltar ao corpo...*]

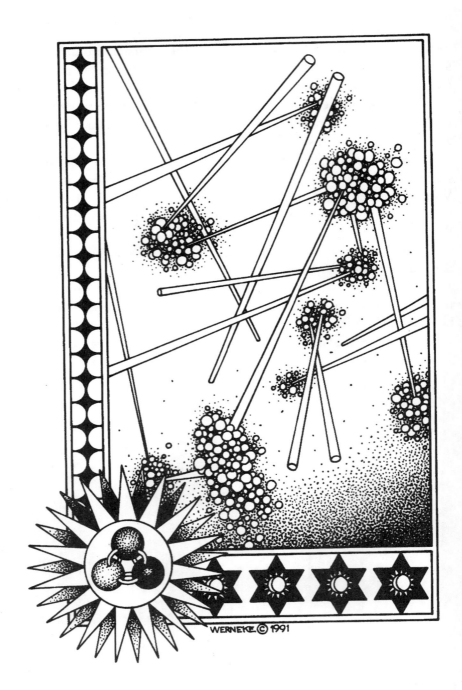

Ouro
Energia

O espírito do Ouro é muito, muito antigo. Ele é reverenciado desde tempos imemoriais como manifestação física do Sol, a fonte de toda vida. O Ouro foi forjado já na criação do Universo físico. Ele pode ser derretido, fundido, liquefeito ou martelado até ficar da espessura de uma folha de papel — e é usado em ligas metálicas e compostos químicos. Embora seja um dos minerais mais maleáveis, é imutável e incorruptível.

Muitas guerras foram travadas pela posse do ouro, que é um sinal de riqueza. Ele adorna, historicamente, o corpo dos ricos, e igrejas e templos do mundo inteiro refletem o sol em seus brilhantes revestimentos dourados. O Ouro reflete o espírito de quem o usa, evidenciando sua ganância ou sua espiritualidade.

O Ouro cura e protege a Terra, aspectos que ele deseja compartilhar nos ensinamentos do Caldeirão. O conhecimento do valor medicinal do ouro não é novo. Ele é um remédio comum para a artrite, tanto na medicina alopática quanto na homeopática, e também um reagente radiônico para o coração. O Ouro usado para fins medicinais tem que ser puro — tão puro quanto as suas intenções ao pedir que o espírito do Ouro o ajude depois desta viagem.

Há, no sistema da Terra, um delicado equilíbrio vibracional entre todos os elementos, minerais e compostos. Quando um deles é extraído e levado para outro lugar, os fluxos vibracionais do planeta são modificados. O equilíbrio ecológico original é rompido. O espírito do Ouro influencia entidades com mais mobilidade — como as plantas, os animais e as pessoas — no sentido de criar um novo equilíbrio. Mais do que os outros minerais, o ouro e o quartzo gostam de trabalhar com os outros reinos, especialmente com os seres humanos. O quartzo é o aliado natural do ouro, sendo muitas vezes encontrado próximo a ele.

A freqüência vibratória do ouro é muito lenta em comparação com a dos animais. Para entender as pedras ou os metais, os seres humanos têm que alterar sua freqüência vibratória, possibilitando assim a comunicação com esse reino. Para lhe proporcionar essa experiência, a viagem do Ouro o leva às profundezas da terra. Se, depois desta viagem, você se sentir muito preso ao chão, experimente fazer alguma viagem aérea, como a do Falcão ou da Águia, ou explorar o ar com o Leão.

A Viagem do Ouro

[*Faça a alquimia...*]
Thoth o ajuda a voltar ao corpo mantendo, ao mesmo tempo, o corpo de luz... Inspire pela base das costas e expire para baixo, para dentro da terra. A cada expiração, você desce um pouco. Respirando dessa maneira, sua consciência atravessa diferentes camadas de minerais à medida que você vai descendo, cada vez mais fundo...

Ao expirar pela quinta vez, você chega a um filão de ouro... Continue respirando assim: suas expirações vão levá-lo para dentro desse filão. Ele é muito grande e logo sua consciência fica envolta em ouro... Ao inspirar, você sente o cheiro desse metal brilhante, reluzente e amarelo. Você o percebe no corpo, com os cinco sentidos. Sinta como a sensação deste ouro é diferente da sensação da terra, do solo. Ela é de metal. Ela é amarela. Ela é dura. E conduz eletricidade de uma tal maneira que você sente estranhas correntes lhe percorrendo o corpo.

Inspire até que a sensação do ouro encha seu corpo, de modo a sentir a mesma coisa por dentro e por fora. Perceba, no corpo, as minúsculas correntes elétricas que o ouro conduz.

Observando bem de perto o ouro que está diante de seus olhos, você o vê de um modo diferente. Ele já não parece sólido. Você consegue enxergar as estruturas metálicas moleculares. Observando esses componentes estruturais básicos, você percebe que eles são feitos de muitos outros componentes menores. Você vê as correntes de energia e as partículas se movimentando de um lugar para outro da estrutura: não é um movimento aleatório, mas intencional. Você sente essas mensagens elétricas dentro e fora do corpo e percebe a comunicação de uma partícula ou estrutura com a outra.

Ouro

Você expande a visão e o ouro lhe parece agora uma cidade gigantesca à noite, com pequenas luzes se movimentando até onde a vista alcança, em todas as direções. Existe, em toda parte, uma inteligência e uma intenção regendo toda essa energia e todas essas luzes...

Inspirando profundamente, você percebe uma substância de ouro mais sólida, à sua volta e dentro de você. Há uma sensação, bem no fundo do seu ser, que você já conhece, e agora você é capaz de falar com o espírito do mineral em cuja casa você é um hóspede. Preste atenção à sabedoria do mineral ouro... [*Longa pausa.*]

Agora você tem a oportunidade de fazer algumas perguntas ao espírito do Ouro... [*Longa pausa.*]

Não deixe de agradecer a esse espírito e de lhe fazer uma oferenda de energia...

Para voltar, respire fundo cinco vezes, inspirando pela base das costas e impulsionando-se para cima ao expirar, de volta à consciência humana...

Reserve alguns momentos para compartilhar sua experiência com Thoth...

[*Thoth toca sua coroa e você retorna à consciência comum, à sua forma física...*]

Cervo
Sensibilidade

Os cervos são guias maravilhosos, com muitos atributos. Donos de uma incrível capacidade auditiva, eles podem ensiná-lo a ouvir. São também muito compassivos: quando o suave e delicado cervo está em sua vida, há sempre uma oportunidade de reparação. Os cervos são extremamente cautelosos e têm a atenção aguçada. Pense no cervo, com grandes olhos marrons, observando, observando... Eles têm a capacidade de perceber ameaças — farejam o perigo e mesmo assim andam com graça, agilidade e cuidado, em pacífica comunhão com a natureza. O cervo tem audição afiada e visão clarividente, movimentando-se por instinto e tomando decisões rápidas, o que lhe permite desaparecer como uma sombra quando é perseguido. Ele vive a alegria do momento. O cervo é também símbolo de longevidade: seus chifres, que se renovam todo ano, simbolizam a regeneração.

A melhor maneira de fazer a viagem do cervo é dançando. Escolha um xale, uma peça de roupa ou uma pele de animal: você vai evocar o poder do cervo sempre que vestir essa peça. As pessoas cinestésicas se beneficiam com o contato de um chifre de cervo: é bom para elas levar consigo um pedacinho de chifre. Pode-se também evocar o cervo usando uma imagem.

Conforme a estação do ano e as suas necessidades imediatas, você vai viver diferentes fases da vida do cervo: vai ser, por exemplo, um filhote, um gamo em época de acasalamento ou uma fêmea prenha.

Tenha à mão um pandeiro ou chocalho para acentuar o ritmo, a ligeireza que vai lhe permitir andar com o cervo em seu mundo. Leve o tempo que for necessário para se acostumar com a dança. É especialmente maravilhoso viver esta viagem ao ar livre, num cenário natural.

A Viagem do Cervo

[*Faça a alquimia...*]
Thoth veste peles de animais e segura um chocalho: ele está parecendo um xamã. Você também está vestido com peles — peles de cervo. Thoth começa a dançar, dando início ao ritmo — e você começa a dançar também.

Dançando, você se transforma em Cervo. Sinta as mudanças no corpo e na consciência ao entrar no espírito de ser um Cervo. À medida que você se acostuma aos movimentos do seu corpo de Cervo, a natureza fica mais delicada e tranqüila. O verde das árvores e arbustos se sobressai. Sinta o perfume dos pinheiros e das rosas silvestres. Os brotos de folhas verdes são deliciosos, especialmente os brotos de sempre-viva. Você está sintonizado a cada passo que dá e ao som de seus cascos fendidos.

É através do coração que você sente essa experiência. Perceba a ligação entre o coração e os ouvidos — como se você ouvisse pelo coração. Ouça os sons da floresta que você ama. Quando ouve algum som estranho, você cheira o ar para descobrir do que se trata. Você fareja também seus amigos cervos, para saber onde estão...

Com agilidade furtiva você se dirige ao rio, atraído pelo aroma e pelo murmúrio da água. Numa límpida piscina natural, a água é retida por um emaranhado de pedras e árvores caídas cobertas de musgo. Junto à margem, prestes a beber essa água fresca e perfumada, você vê beleza e suavidade em seu reflexo. Olhando-se em forma de Cervo, você percebe que pertence à floresta: é um guardião da pureza da natureza, da liberdade, da vida sintonizada à harmonia natural da floresta... [*Pausa.*]

Beba essa água pura até matar a sede e depois saia para explorar seus domínios. Seus sentidos se aguçaram, você está mais ligeiro e consegue mudar rapidamente de direção. Está instintivamente sintonizado com todos os seres do seu ambiente, sabendo quem é inofensivo e quem não é.

Enxergando com olhos de Cervo, fique atento para aprender a viver em harmonia consigo mesmo em seu ambiente...

Quando a experiência estiver completa, retorne à clareira, onde Thoth e sua forma física continuam a dançar. Sua consciência deixa o Cervo e entra na forma humana.

Você olha para trás, para o Cervo: ele o observa com a inocência pura da floresta virgem que é o seu lar. O Cervo lhe pede para se lembrar de viver em harmonia com os espíritos da floresta e da montanha. Ofereça ao Cervo um alimento, além de respeito pela confiança que você vê em seus olhos imaculados... Com um rápido movimento da cauda, ele vai embora.

Discuta com Thoth uma forma de continuar trabalhando com esse aliado.

[*Thoth o ajuda a voltar ao corpo através da coroa...*]

Kuan Yin
Cura/Compaixão

Todo mundo tem a ganhar com a viagem de cura de Kuan Yin. Há milhares de anos ela é cultuada por milhões de pessoas como o *bodhisattva* chinês da compaixão. Conhecida como uma das entidades mais acessíveis, seu nome significa "Aquela que Ouve as Súplicas do Mundo". Pessoas de todas as formações, de pescadores e budistas leigos a sábios taoístas, a veneram como deusa da misericórdia. (Para maiores informações, ver *Bodhisattva of Compassion*, de John Blofeld. Boston: Shambhala, 1988.)

No Tibete, Kuan Yin é conhecida como Tara. Nas culturas cristãs, ela corresponde mais ou menos à Virgem Maria. No Japão, é chamada de Kwannon Sama e é tão popular quanto na China.

Em resposta ao sofrimento que assola o planeta, em especial às epidemias — Aids, leucemia e outras doenças terminais —, Kuan Yin apresentou esta viagem ao Caldeirão. Ela é eficaz para quem tem problemas físicos e emocionais de variados tipos.

Nesta viagem, você se verá numa antiga paisagem de paz e tranqüilidade. Lá, você se encontrará com Kuan Yin para receber cura e orientação e ter a oportunidade de alcançar uma compreensão mais profunda da doença e da mensagem que ela traz, além de se informar sobre seu processo de cura.

A Viagem de Kuan Yin

[*Ao concluir a alquimia, cumprimente Thoth e peça-lhe que o ajude em seu processo de cura...*]

É começo de noite e aparece um rouxinol silhuetado contra o céu. Siga-o até uma ponte que leva a uma ilha no meio de um rio. O rouxinol voa por sobre a ponte e você o segue a pé. Ao pisar na ponte, você percebe que ela está viva: você está andando nas costas de um dragão. O dragão tira a cabeça da água e o observa com olhos que parecem lagos luminosos de cor líquida. Você olha no fundo desses olhos e percebe que o dragão o conhece. Ele entende todos os seus aspectos, que se refletem nesses olhos de espelho... [*Pausa.*] Ele o conhece e o aceita sem reservas — e o abençoa quando você chega à ilha de Kuan Yin.

O lugar tem um clima de China antiga. Seus sentidos despertam para as delícias desse jardim e você sente a atmosfera da noite de verão, luxuriosa e fragrante.

Indo em direção ao centro da ilha, há um templo chinês ao ar livre. Lá, uma presença o espera pacientemente: ao se aproximar, você vê o rosto pálido, calmo e luminoso de Kuan Yin. Seu cabelo está preso com enfeites de ouro que tilintam quando ela se move. Vestida com ricos mantos de seda, ela parece pequena, delicada e acolhedora. Ela o cumprimenta pondo a mão no coração e, em seguida, estendendo-a para apertar a sua. Está encantada com a sua companhia.

Kuan Yin o observa e você sente, em todo o seu ser, que ela o aceita com amor. Ela enxerga sua verdadeira beleza, que não está agora obscurecida pela esfera mundana. Ela passa as mãos à volta do seu corpo e através dele, iluminando e curando todos os pontos escuros e enchendo de amor cada célula.

Como as células doentes não conseguem aceitar essa generosidade, Kuan Yin as retira com facilidade e as coloca numa tigela. Elas parecem negros pedaços de carvão. Observando agora suas células, você consegue vê-las de um ponto de vista objetivo e, com isso, seus medos e dúvidas se afastam, até não fazer mais parte de você... [*Longa pausa.*]

Siga Kuan Yin: ela leva a tigela até a margem do rio, onde o dragão a espera... Quando ela ergue a tigela, o dragão expele pelas narinas o fogo da sabedoria, queimando e destruindo rapidamente o que há na tigela. Quando a fumaça subir ao céu e se dissipar ao vento, vá para dentro de si mesmo em busca de compreensão. Kuan Yin está a seu lado, com toda sua compaixão, para ajudá-lo a se curar: ela valoriza cada parte do seu ser. Com a ajuda dela, você vai descobrir que mudanças precisa fazer para concluir essa cura... [*Longa pausa.*]

Kuan Yin o leva, agora, até uma piscina natural. Tire a roupa e entre na água fresca e cristalina. Ela despeja em você a água de um vaso — e com isso você renasce, puro e renovado. Você sente grande prazer e felicidade de viver. Kuan Yin divide esse sentimento com você.

Ela lhe dá um presente — um amuleto de proteção — e lhe diz para chamá-la sempre que quiser. Você pode evocar sua presença usando o símbolo de cor verde que ela lhe deu.

Fique mais alguns momentos com Kuan Yin para receber a cura e as sugestões que ela tem a lhe oferecer nesse momento.

Quando se sentir inteiro, siga o rouxinol, que volta voando por sobre a ponte do dragão.

Na outra margem, Thoth está à sua espera. Relate para ele sua experiência...

[*Thoth o ajudará a voltar ao corpo...*]

Águia Dourada
Relações Familiares/Co-dependência

A Águia Dourada é uma ave real, admirada por seu tamanho, poder e esplêndidas habilidades de vôo. Como as pessoas, ela é um predador no topo da cadeia alimentar: embora coma outros animais, raramente é caçada como alimento. Assim, ela contribui para o equilíbrio do mundo natural.

A Águia Dourada trouxe esta viagem ao Caldeirão para ajudá-lo a desenvolver relações familiares melhores, especialmente quando se trata de comportamento co-dependente. Nesta viagem, uma Águia Dourada o ajudará a compreender melhor a sua unidade familiar mostrando como é a vida em família das águias. As águias se unem pela vida toda e dividem os cuidados com os filhos. Funcionam como uma unidade, mas com muita independência: a águia não exige que o parceiro esteja a seu lado a cada minuto do dia. Nesta viagem, você aprende que é possível voar tão bem sozinho quanto acompanhado.

É uma reprogramação, um reaprendizado — pois você vai ser, literalmente, um ovo num ninho de águia, vai sair do ovo e crescer rapidamente, transformando-se em águia adulta. Assim, você vai comparar as funções de pai e mãe e ter um modelo de vida em família. Essa reprogramação lhe permite apagar os padrões negativos que você testemunhou ou viveu no passado. Se o seu problema é específico, como encontrar um parceiro ou parceira, esta viagem é uma boa prática — e você pode também trabalhar com o Cisne. Se você achar difícil a parte da viagem relativa à corte e ao acasalamento, ou se não estiver preparado para trabalhar com isso, volte em outra ocasião para trabalhar esses aspectos, até chegar a uma solução.

Esta experiência abrevia o tempo, como nos filmes em que um período longo se passa em poucos minutos. A gestação das águias dura cinqüenta dias e os filhotes levam de trinta e cinco a quarenta horas para sair do ovo. Mas, na viagem, você vai fazer tudo isso em muito menos tempo.

A preparação para se transformar em águia exige uma alquimia especial. Veja a descrição a seguir.

A Viagem da Águia Dourada

Centralize-se através da respiração e estenda as mãos para receber um ovo dourado... Ponha esse ovo em seu abdômen e deixe-o descansando suavemente, desenvolvendo-se no Caldeirão de Ouro... Acenda com amor a chama do coração e aqueça-se no brilho e no calor de sua luz... Você mexe a água do Caldeirão, ela sobe e alcança o fogo no centro do seu coração, levando o ovo com ela. Ponha a atenção e a consciência dentro do ovo dourado, que sobe com o vapor e atravessa a coroa no topo da sua cabeça... Em segurança, Thoth leva seu ovo para o ninho. Você não o vê, mas tem consciência de sua presença...

Preste atenção à sensação de estar dentro do ovo e aos sons que ouve através da casca. Dá para sentir o calor da águia chocando os ovos? Perceba como se sente ao se esticar, ao se movimentar. Você vai crescendo e lá dentro fica mais apertado, mais restrito. Você sente seu corpo pressionando a casca, sem ter mais para onde ir. Lutando para se livrar dos limites da gestação, você descobre que tem, no bico, um "dente" especial para quebrar a casca e tira, por dentro, o primeiro pedacinho. Mas, para sair da casca, ainda há muito trabalho pela frente. Ninguém o ajuda nesse processo... [*Longa pausa.*]

Finalmente, você emerge. Perceba a luz, os cheiros, a estrutura do seu corpo, a umidade das penas secando ao sol. E você solta um grito agudo para celebrar a vitória do seu nascimento.

Descanse um pouco, deixando que as penas sequem e fiquem felpudas... Experimente sua primeira refeição. Como ela é dada a você? Como é o seu sabor?

Seus pais se revezam na guarda do ninho, que fica bem no alto, empoleirado numa forquilha de um velho esqueleto de conífera. Eles atendem suas necessidades? Observe todos os detalhes de seus primeiros meses como filhote de águia... [*Longa pausa.*]

É hora de aprender a voar. Ninguém lhe traz comida há algum tempo e você está com muita fome. Sua mãe passa voando com um pedaço grande de salmão: parecia que ia trazê-lo para o ninho, mas era só uma provocação.

Águia Dourada

Ela volta e exibe, mais uma vez, o delicioso bocado, provocando-o. Quando ela passa de novo, você se inclina para fora para pegar um pedaço. Com as garras presas ao ninho, você tenta alcançar o salmão. Um graveto se solta do ninho, você perde o equilíbrio e cai em direção ao chão. Você abre rapidamente as asas para se estabilizar e o vento o leva de volta para cima.

É preciso um pouco de prática, mas você descobre sua capacidade natural de voar sem muito esforço. Lá de cima, sua visão aguçada focaliza a paisagem, onde um coelho (ou alguma outra fonte de alimento) corre num descampado à procura de abrigo. Permita-se sentir o mergulho: você arremete para baixo e captura a presa com suas garras afiadas. Pela primeira vez em sua vida de águia, você foi atrás do próprio alimento. Aproveite a refeição...

O tempo passa rapidamente e você já está pronto para encontrar um par... Observe o processo de corte e acasalamento...

O ciclo está completo. Para voltar ao seu corpo, procure o ovo dourado que, nesta viagem, representa sua coroa. Thoth estará pronto para ajudá-lo a entrar no corpo físico como Águia, trazendo consigo as recodificações desta experiência. Fique um pouco na companhia de Thoth, refletindo sobre a experiência...

[*Quando você voltar à forma humana, sua experiência de Águia fará parte de você. Firme-se no chão e centralize-se...*]

Sapo
Purificação

Quem já pegou ovos de sapo — aqueles ovinhos pretos dentro de uma substância gelatinosa que aparecem, na primavera, em águas estagnadas — sabe que, postos na água, eles se transformam em girinos. Miraculosamente, eles começam a desenvolver pernas e se transformam em sapos anfíbios. Devido a esse processo, o Sapo é um símbolo importante de transformação e metamorfose.

Em suas aparições na mitologia, o Sapo evoca ora respeito, ora repulsa. Imagens de sapos, feitas de pedra, foram encontradas na boca dos mortos, em antigos túmulos dos chineses e dos maias, para quem o Sapo simboliza a reencarnação. Esses talismãs eram feitos de jade, na China, e de outras pedras, no Novo Mundo. A bondosa deusa egípcia do parto e da fertilidade, Heket, tinha cabeça de sapo — e às vezes o corpo inteiro.

Na Índia e na América do Sul, o Sapo era relacionado à chuva. Tribos maias e olmecas identificavam o Sapo com a água, o muco e o sêmen — e também com a chuva, indispensável para a lavoura e para o crescimento contínuo da floresta. Alguns mitos da tribo huron da América do Norte e dos aborígines de Queensland, na Austrália, falam de sapos que engolem a água nos tempos de seca. Para os aborígines australianos, a chuva caía quando o sapo dava risada — e a enguia era encarregada de fazê-lo rir: seus movimentos serpenteantes faziam o sapo cair na gargalhada. Para os hurons, era Ioskeha, o herói da criação, que apunhalava o sapo, liberando a água de sua barriga.

O mito do sapo príncipe está relacionado a uma habilidade atribuída ao sapo: a habilidade de perceber a verdadeira alma, o potencial mais elevado de cada um, o que normalmente acontece através do poder transformador do amor.

Indispensáveis às nossas florestas, os sapos são criaturas mágicas que chamam a chuva. Em procedimentos de cura, o uso do sapo é combinado ao uso da água para limpar as energias negativas. Use água em qualquer trabalho de cura que fizer. Você pode pôr água na boca e borrifá-la em seu altar. Ao fazer uma cura, você pode borrifá-la na pessoa — imaginando que o borrifo vem do sapo para limpar a energia negativa. Não deixe de visualizar o sapo e de se concentrar na purificação do altar ou da cura, para que o efeito seja uma bênção e não uma profanação. (Essa prática existe em locais diversos — América do Sul e África, por exemplo — e nem sempre está diretamente associada ao Sapo. Na África, borrifar é conferir poder — e a boca do praticante tem que ter passado por certos rituais. Totemicamente, essa prática está mais próxima do Elefante, cujo esguicho é considerado sagrado.)

No ecossistema, os sapos são uma espécie que sinaliza a saúde do ambiente. Várias espécies de sapos desapareceram misteriosamente nos últimos anos, sugerindo uma relação com as condições ambientais semelhante à do canário com a mina de carvão. É uma situação crítica, já que na natureza todos os seres evoluem e funcionam juntos. O desaparecimento dos sapos indica, provavelmente, poluição do solo, da água e do ar.

Os sapos trazem a chuva, que vem para limpar. Seu chamado não é um grito de desespero, mas uma homenagem às águas da vida.

No Caldeirão, o Sapo nos ensina a limpar a energia negativa e nos fala do valor de nossas florestas. Para intensificar esta viagem, experimente representá-la fisicamente: sente-se ou salte como um sapo. Você pode visitar o Sapo enquanto toma banho — de chuveiro ou de banheira. Torne a viagem divertida e engraçada. Faça muito barulho! As crianças vão adorar esta viagem, que funciona muito bem como atividade em grupo.

A Viagem do Sapo

[*Faça a alquimia...*]
Thoth o leva a uma floresta verde e exuberante. Ela é tão rica e verdejante que você custa a perceber que o chão está coberto de sapos — eles estão em toda parte. Eles começam a coaxar e a esboçar um ritmo. Mais e mais sapos se juntam ao coro, trazendo seu ritmo singular à canção que estão criando. Esse som poderoso lhes vem das entranhas e chama a chuva com amor...

Sintonizado com o som dos sapos, você se transforma em um deles, sentindo a vibração que lhe vem das entranhas quando acrescenta sua voz

Sapo

ao chamado da chuva. Você sente no corpo inteiro o som que vocaliza, completando sua transfiguração em Sapo...

Olhe para baixo: você tem membranas nos pés e pernas manchadas de anfíbio. Seus olhos ficam mais protuberantes — e você continua coaxando. Vá em frente: capture o mosquito que passa por acaso perto de você. Engula-o. É possível que você não esteja vendo os outros sapos à sua volta, mas sente as vibrações do som que eles fazem. Esse som fica cada vez mais poderoso. Ele eleva a vibração da floresta e alcança os espíritos da água lá nas alturas, trazendo a chuva...

Sinta a chuva cair e continue fazendo seus sons. A água da chuva é purificadora. Ela pinga das árvores, serpenteia e forma poças à sua volta. A voz do Sapo chama a sua atenção para uma área do seu corpo ou da sua vida que precisa da cura que a chuva traz. O efeito purificador da chuva se espalha pelo seu corpo, pela sua mente e pela sua psique... [*Longa pausa.*]

Como oferenda, use o espaço que você criou para purificar algum aspecto da sua vida ou para enviar energias purificadoras de cura a outras pessoas... Ou pense no que pode fazer para ajudar a floresta, de modo que os sapos tenham um lugar para se reproduzir...

Para voltar, dê um salto e estará de volta à forma humana, com Thoth — que talvez esteja com um guarda-chuva! Discuta com ele as possibilidades deste trabalho em sua vida...

[*Thoth o ajudará a voltar...*]

Parte VI
Viagens para Exploração

Nesta parte, você pode relaxar e brincar. Se já se tornou um viajante intrépido, pode ser que descubra um profundo conhecimento de si mesmo e da criação, onde você expressa a vida e a consciência.

Falcão
Iluminação

O Falcão é uma ave de rapina, atenta e concentrada. No Egito, o Falcão é Hórus, o filho divino de Ísis, deusa do nascimento, e de Osíris, deus da morte e da terra fértil. Hórus representa nosso aspecto mais elevado e seu olho é o olho do Sol, que ilumina todas as coisas. Como reflexo de nosso eu mais elevado, ele tudo vê, tudo sabe, tudo é. Ele nos ajuda a atingir nossas metas de acordo com nosso mais alto potencial.

Enquanto filho divino, Hórus é também o iniciado. É o protetor da vida e das coisas sagradas, é quem traz a inspiração. O olho de Hórus lança luz na escuridão do espaço infinito, permitindo-nos enxergar claramente a essência das coisas, em todas as dimensões.

O pai de Hórus, Osíris, foi assassinado por seu irmão ciumento, Set. Ísis o encontrou, embora Set o tenha esquartejado e espalhado os catorze pedaços pelo Egito. Com a ajuda de Thoth, ela conseguiu refazê-lo — com a exceção do falo, que tinha sido atirado ao Nilo e devorado. O falo foi refeito em madeira e usado para conceber Hórus. Hórus cresceu e se tornou um bom guerreiro. Para vingar o pai, travou uma longa e violenta batalha contra Set pelo trono de Osíris. Por fim, Hórus foi declarado vitorioso pelo panteão dos deuses.

O Falcão é um ajudante nobre, que enxerga com clareza e visão profunda. Da perspectiva do Falcão, você consegue ver as origens dos problemas. Peça a ele que reveja com você aspectos de sua vida atual para encontrar uma nova maneira de ver a situação. Experimentar essa nova clareza é como tirar o capuz de um falcão: ele vai diretamente ao alvo. Com o Falcão, você consegue ver tudo o que perdeu ou ignorou. E consegue também distinguir entre o que o alimenta e o que lhe faz mal.

Nesta viagem, olhe para trás, para suas origens, a fim de descobrir seu propósito nesta vida. Antes de começar, tenha em mente suas aspirações, para se comunicar com o Falcão de maneira clara e definitiva.

Há três viagens possíveis com o Falcão. A primeira lhe permite ver uma situação atual da sua vida. Na segunda, você pode explorar o passado, nesta vida ou em outra: a investigação de vidas passadas é útil quando traz uma solução para uma situação atual através da comparação com experiências passadas. A terceira é uma viagem do coração, que o ajuda a perceber as possibilidades do futuro.

Viagens do Falcão

Presente

[*Faça a alquimia...*]
Diga a Thoth que você quer ver o Falcão. Thoth ergue seu *ankh*, a chave da vida, em direção ao Sol. Deixe que a esperança cresça em seu coração e chame o Falcão para ver a vida de outra maneira. Ofereça a ele um galho de árvore ou estenda o braço esquerdo para que ele possa pousar. Ao mesmo tempo, deixe crescer sua intenção, sua esperança e sua vontade.

O Falcão aparece, vindo do Sol, e você sente o peso dele pousando em seu braço, as garras lhe apertando o pulso. Ele tem unhas pequenas e afiadas e o bico curvo. Olhando nos olhos do Falcão, concentre-se de coração naquilo que pretende examinar. Então, de acordo com sua intenção simples e clara, vinda do coração, o Falcão lhe mostrará o que você omitiu e no que é importante se concentrar. Ele vai lançar uma nova luz sobre suas metas imediatas e essa nova percepção — a visão aguçada e clara do Falcão — lhe dará acesso à mudança. Se a sua intenção for clara e vier do coração, a luz do Falcão vai iluminar tudo o que você quiser ver...

Leve o tempo que precisar para experimentar as mudanças necessárias... [*Longa pausa.*] O Falcão vai ficar com você quando sua vontade o levar de volta à vida cotidiana.

[*Thoth o ajudará a voltar ao corpo...*]

Passado

Você pode viajar com o Falcão para o passado, desta ou de outra vida, para saber quem você foi, onde está agora e para onde poderia estar indo. O Falcão pode levá-lo às suas origens, para que você compreenda melhor seu propósito nesta vida. É possível viajar à Atlântida, à Lemúria ou a algum outro lugar para receber um ensinamento.

[*Siga as instruções anteriores, chamando o Falcão para que ele desça, vindo do Sol...*]

Quando o Falcão pousar em seu braço, olhe fundo em seus olhos e diga que deseja reviver suas origens ou uma vida passada. Você será levado a uma experiência do passado que seja relevante para a vida atual... [*Longa pausa.*]

Quando essa experiência chegar ao fim, Hórus o levará de volta a Thoth. Compartilhe com ele...

[*Thoth o ajuda a voltar ao corpo...*]

Futuro

[*Faça a alquimia do Caldeirão e chame o Falcão...*]

Abra o coração para seu amigo falcão e veja como ele abre as asas para criar uma forma de coração. Atravesse essa porta em forma de coração... Hórus o leva para além do seu passado terreno, para o espaço sideral, onde você recebe um ensinamento sobre a ligação entre todas as coisas do Universo... [*Pausa.*]

Mais tarde, você é levado para um lugar de rios e vales tranqüilos. Voando, chega a um santuário sereno, com uma fonte de água corrente, muitos frutos e flores. Nesse lugar exuberante e bem cuidado, você acalma seus pensamentos e dá um pouco de paz à sua mente. Aqui, você tem uma visão de todas as mudanças necessárias para alcançar suas metas futuras... [*Longa pausa.*]

Na volta, é como se você voasse por todas as possibilidades que existem em seu caminho futuro... [*Longa pausa.*]

O Falcão o leva de volta a Thoth. Compartilhe sua experiência com ele...

[*Thoth o ajuda a voltar ao corpo...*]

Leoa
Reinos Elementais

A Leoa representa a confiança em si mesmo. Ela simboliza ação, autoridade, poder divino e coragem. No Egito antigo, Sekhmet, a deusa guerreira de cabeça de leoa, reinava como guardiã e ciosa protetora de Maät, deusa da verdade e da justiça. Quando alguma coisa a aborrece, sua fúria é quase insaciável. Mesmo assim, é uma grande aliada, capaz de imensurável compaixão.

Estar na presença de Sekhmet, seja como deusa, seja como leoa, é sentir o poder e a força de alguém que vê e age com absoluto discernimento e inteligência. Sua essência soberba espalha o bem-estar aonde quer que ela vá. Não é Sekhmet, mas a Leoa totêmica africana que aparece nesta viagem do Caldeirão. Para encontrar Sekhmet, você tem que viajar de um jeito diferente. Quando se acostumar à Leoa, peça a Thoth para levá-lo ao Egito a fim de conhecer Sekhmet em seu templo.

A Leoa africana encarna os mesmos atributos de Sekhmet e traz muitos dons ao Caldeirão. Os leões são os monarcas incontestáveis das criaturas selvagens da África. Nas tribos, sua pele é usada em danças que conferem coragem e astúcia para guerreiros e caçadores. Esta viagem do Caldeirão é uma expedição de caça ao conhecimento prático dos elementos — um estudo de interesse vital para quem quer entender a natureza da realidade. Para os ocidentais, a terra, a água, o fogo e o ar são os quatro elementos.

Quando os elementos estão em equilíbrio, o corpo e a mente funcionam em harmonia. Assim, conhecendo-os, você pode modular sua saúde física e suas características de comportamento. O excesso ou a falta de um elemento compromete as funções corporais e altera os padrões de comportamento.

Viagens para Exploração

A viagem com a Leoa leva aos elementais, os espíritos dos reinos da Terra, da Água, do Fogo e do Ar. A viagem a esses reinos tem o final em aberto. Durante esta viagem, a Leoa vai ajudá-lo a caçar porque quem vai aos reinos elementais tem que levar consigo um caçador experiente. Olhando pelos olhos da Leoa ou estando na companhia dela, você viaja em segurança a qualquer um dos reinos elementais. A visão atenta e o discernimento da leoa o ajudarão a descobrir quais os aspectos de cada reino que lhe são mais benéficos. Por exemplo: no reino do Fogo, a visão clara e o hábito de espreita da Leoa o levarão a uma situação em que você terá que suportar um calor abrasador, que vai destruir sua fraqueza, revelando-lhe sua coragem interior.

Os habitantes inteligentes dos reinos elementais aparecem como entidades características do elemento que você estiver explorando. No reino da Terra, você vai trabalhar com anões, elfos e seres da Terra. Na Água, pode ser que encontre ondinas ou espíritos da água. No Fogo, os espíritos são quase todos salamandras. No Ar, você encontrará fadas e sílfides.

Nesta expedição de caça com a Leoa, você escolhe o elemento que deseja explorar. Inteligente, a Leoa vai em busca do que é mais vantajoso, permitindo-lhe descobrir o que há de melhor para você no reino do seu interesse. A Leoa é uma caçadora oportunista e você estará protegido por sua ferocidade, por sua coragem imperturbável e por sua força.

Há vários tipos de alimento à sua escolha numa viagem com a Leoa. Pode ser que ela beba água ou coma algum animal, pequeno ou grande. Os leões gostam muito de brincar com a comida, entre si ou com os filhotes. É assim que estas viagens são — não apenas em busca de alimento, mas também de diversão e curiosidade.

Selecione de antemão o elemento que pretende visitar e use as orientações que receber para passar pela entrada de cada um. O local de entrada e saída desses reinos é um portal com as características gerais do elemento.

Terra

À medida que você percorre a estepe para entrar na Terra, a paisagem vai se tornando mais densa. Depois de atravessar uma área de vegetação cerrada, você chega abruptamente a um lugar onde a terra e as pedras se unem numa elevação rugosa, crivada de penhascos e desfiladeiros. Sua Leoa conhece o terreno e o leva a um desfiladeiro estreito, que penetra diretamente na Terra...

No reino da Terra, você é apresentado a anões, elfos, *trolls*, gnomos e outros seres telúricos: são os guardiões do reino mineral e dos tesouros da Terra. Aqui você poderá aprender sobre a cura física e sobre os atributos desse elemento. As pessoas da Terra têm os pés firmes no chão e tendência para o que é físico e concreto. Conservadoras, estáveis, construtivas, organizadas, determinadas e sólidas são palavras-chave na descrição das características da Terra.

Água

As entidades da Água, como ondinas e duendes, são encontradas dentro da água ou em torno dela. O portal para esse reino pode ser um córrego, um lago ou represa, uma cachoeira ou uma piscina natural na montanha. A viagem pelo reino da Água pode ser feita nos pântanos, no litoral ou no mundo dos sentimentos, das emoções, dos sonhos ou da fantasia. A Água é o mundo do espelho, que revela necessidades, desejos e ilusões. Na viagem com a Leoa, quando encontrar uma lagoa limpa e sagrada, mergulhe: atravessando a superfície da lagoa, você entra no reino da Água. Explore as emoções, a percepção psíquica, a intuição e a compaixão. As pessoas da Água tendem a ser acolhedoras, sensíveis e, por vezes, reservadas.

Fogo

Um vulcão ou outro lugar chamejante será a passagem ao reino do Fogo — ou talvez sua Leoa salte através de chamas trêmulas e brilhantes. Perceba a sensação do elemento: o calor, a rapidez, o fascínio. O Fogo é encontrado nas florestas e nos campos. Seus habitantes parecem elfos e fadas, mas são flamejantes, vibrantes. E talvez você encontre uma salamandra.

No Fogo, você pode desenvolver a paixão e o poder criativo de sua vontade. É o reino do espírito. As pessoas do Fogo tendem a ser corajosas e agressivas, mas o excesso de fogo resulta em raiva e até mesmo em violência. Trabalhando no interior de um elemento que está fora de equilíbrio, você pode aprender a reequilibrá-lo.

Ar

Para chegar ao mundo do Ar, é preciso subir a locais muito altos, com vistas amplas, e até mesmo ao céu e às nuvens. A entrada pode ser um salto por sobre um precipício, que altere sua perspectiva espacial. Você vai encontrar fadas aladas, sílfides ou seres que voam a grandes altitudes, como a Fênix ou a Águia. No reino do Ar, você aprende sobre comunicação e idéias e obtém informações sobre a mente e o humor. Aqui, a música e a poesia são inspiradas, pois este é o elemento das Musas. As pessoas do Ar tendem a ser idealistas, intelectuais, despreocupadas, abstratas e engraçadas. O Ar é o reino certo para visitar quando você quer "acender" ou expandir sua consciência.

Em cada reino, a Leoa vai localizar um ser que estará à sua espera: ele vai se aproximar de você ou saudá-lo. Nas viagens pelos reinos elementais, é importante resistir. A companhia da Leoa proporciona força e proteção. Diga à entidade que motivo você tem para estar ali — e será conduzido à sua meta. Caso não tenha um motivo específico, deixe que o ser elemental o conduza à informação ou à experiência adequada, seja ela qual for.

Em cada viagem a esses reinos, você terá uma experiência que serve às suas necessidades ou desejos. E depois a Leoa-guia o levará de volta à área de repouso na estepe.

Viajar com esses felinos majestosos favorece a compreensão. Cada vez que você fizer esta viagem, ela será diferente.

A Viagem da Leoa

[*Na introdução à Leoa, releia a parte sobre os elementos e escolha o reino elemental que pretende explorar. Faça a alquimia do Caldeirão e encontre Thoth.*]
Thoth o leva à estepe africana onde vivem os leões. Ali, à margem de um rio ou de uma nascente, você vê um bando de leões descansando ao sol da tarde. O calor é abrasador, quase opressivo. Aos poucos, você vai se sintonizando com o espaço dos leões. A quietude só é quebrada pela cauda dos leões, balançando para afastar os insetos.

Um dos leões o olha nos olhos. Focalizando o olhar, você vê que é a Leoa: cumprimente-a. Do fundo do coração, peça a informação ou experiência de que precisa: a Leoa vai se levantar e levá-lo a uma caçada. Você tem que saber com clareza qual o reino elemental que deseja explorar e comunicar um propósito específico.

A Leoa o convida a entrar no corpo dela — mas você mantém sua própria consciência... Percorrendo a estepe num trote tranqüilo, sinta o poder de seus movimentos, o ritmo dos músculos que lhe impulsionam o corpo, permitindo um avanço fácil e rápido. Seus sentidos estão totalmente alertas mas ela parece desinteressada dos bandos de animais pelos quais vocês passam — embora alguns deles se dispersem correndo à simples visão da Leoa. Fique atento à paisagem. Farejando o vento, ela sabe instintivamente que direção tomar. Ela pára por um momento e dá um rugido estrondoso. Perceba, em seu corpo, onde o som vibra... A Leoa o conduz a um lugar mais alto, em busca de uma entrada para o elemento que você escolheu...

Quando entrar nesse reino, conserve sua identidade individual. Você é conduzido ao ser elemental que o espera e passa pela experiência que vai saciar sua fome de conhecimento... [*Longa pausa.*]

Concluída a experiência do reino elemental que escolheu, a Leoa o leva de volta pelo mesmo caminho... Vocês chegam à estepe, onde o bando de leões continua descansando perto da água.

Olhe nos olhos da Leoa até ficar em paz com essa poderosa criatura. Satisfeito, pode ser que você queira se aconchegar junto a essa aliada e tirar um cochilo enquanto digere a refeição de informações ou experiências, como fazem os leões depois da caça...

No momento apropriado, Thoth vai reaparecer. Relate a ele sua experiência...

[*Thoth o ajudará a voltar ao corpo...*]

CEDRO
Akasha

No Caldeirão, o Cedro proporciona o acesso ao reino do *Akasha* — um lugar de conhecimento. As tradições divergem quanto à classificação dos elementos e algumas delas incluem o *Akasha* como quinto elemento, o veículo do qual derivam os outros quatro — terra, água, fogo e ar.

O *Akasha* equivale ao "éter" de certas tradições e é semelhante ao espaço profundo do céu noturno cravejado de estrelas. Sua cor é o índigo ou o preto-púrpura salpicado de ouro do ovo etérico, na alquimia do Caldeirão. O ovo é o símbolo universal da criação e sua representação bidimensional — uma figura oval — pode servir de portal para o *Akasha*.

O símbolo que vamos usar para entrar nesse reino é a *vesica piscis* — literalmente, a vesícula do peixe.

Esse símbolo é formado pela intersecção de dois círculos, representando o "acima" e o "abaixo": a forma criada no centro é o símbolo do *Akasha*.

O corte transversal de um peixe forma esse símbolo, que é também o formato da *yoni* feminina, ou vulva.

Há muitas vias de acesso aos registros akáshicos — a biblioteca etérica onde todo o conhecimento passado, presente e futuro está armazenado. No Caldeirão de Ouro, é o antigo e gracioso cedro que forma a porta de entrada.

Um dos mais antigos mitos de que se tem registro no mundo é uma lenda sobre a deusa babilônica Ishtar, conhecida como Inanna pelos sumérios, cujo trono era um cedro gigante numa vasta floresta virgem. Esse é um mito patriarcal sobre o poder na separação. O trono de Ishtar era protegido por um monstro semelhante a um dragão, conhecido como

Humbaba. Humbaba era um enorme protetor telúrico, parte leão e parte dragão, que soltava fogo pela boca.

Gilgamesh era um guerreiro, herói e rei, sempre inquieto, procurando um jeito de gravar seu nome em pedra. Não era muito querido no país onde vivia e sua presença era temida: era cruel e dissoluto, embora viesse a passar, mais tarde, por uma transformação. Gilgamesh era mortal, embora dois terços deus e um terço homem, e foi o primeiro a violar a floresta: para deixar sua marca, matou o maldoso gigante que a protegia. Quando Humbaba morreu, a magia da floresta se espalhou em todas as direções — pelo submundo, pelos rios, pelas árvores. A magia deixou de ser uma estrutura coesa.

Quando Gilgamesh entrou na floresta, ele e seu bando percorreram a mesma trilha usada por Humbaba e encontraram o antiquíssimo cedro habitado pela Deusa, o trono de Ishtar. Para marcar sua conquista, Gilgamesh deu um forte golpe de machado no tronco do majestoso cedro. A chaga criada pelo golpe do machado cicatrizou em forma de *vesica piscis*, e é essa a entrada que usamos para o domínio akáshico. As imagens usadas aqui são diferentes da maioria das concepções dos registros akáshicos, uma vez que vamos entrar pelo trono da Deusa.

Como este é um lugar em que se vai em busca de conhecimento, é bom ter em mente uma questão específica. Quando tiver mais prática e estiver mais acostumado com o reino de *Akasha*, você vai obter informações mais detalhadas. É preciso mais de uma viagem para aprender a manter a consciência, pois esta experiência poderá deixá-lo "aéreo". Você será instruído a pegar um presente no coração da terra. Leve-o com você, pois ele o manterá preso ao chão para que você não flutue à deriva e não perca a lembrança consciente da experiência.

O Cedro fornece um excelente incenso e é muito usado como defumador para limpar as energias negativas de lugares, pessoas e objetos. Para pegar galhos de cedro de maneira sagrada e respeitosa, encontre a maior e mais velha árvore do bosque e faça uma oferenda de tabaco ou fubá na direção dos quatro pontos cardeais. Diga à árvore o que pretende fazer com suas folhas e espalhe a oferenda sob os galhos. Em seguida, pegue os galhos que precisa das árvores menores das redondezas.

A Viagem do Cedro

[Faça a alquimia do Caldeirão...]
Thoth mostra o caminho para uma densa floresta virgem. Você está na antiga Suméria, hoje conhecida como Iraque. A floresta é imensa. Exuberantes coníferas sempre verdes, altas e imponentes, com galhos erguidos como que em prece, se espalham em todas as direções, até onde a vista alcança. Você percorre a trilha onde Humbaba costumava caminhar. O caminho é largo e a caminhada é fácil.

Não é difícil encontrar a clareira onde o gigantesco cedro se ergue como estátua colossal diante de uma massa verdejante no coração da floresta. É uma árvore magnífica, de tronco enorme, como as sequóias da Califórnia. Seus galhos se estendem como que para abraçar a natureza inteira, criando uma sensação de conforto e compaixão, segurança e apoio. Este cedro é um verdadeiro trono para a Deusa, elevando-se acima do resto da floresta e fornecendo uma generosa sombra.

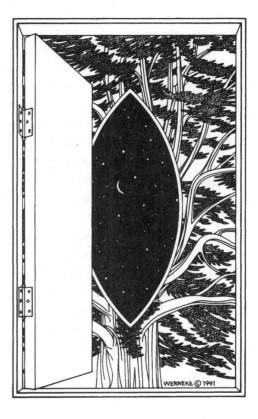

Você observa esse antiqüíssimo cedro e é como se um retângulo dourado fosse gravado no tronco. Entre na árvore por essa porta retangular. Imediatamente sua consciência se expande para abarcar seu corpo de árvore. Deixe sua atenção subir pelo tronco e se espalhar pelos galhos. Amplie seu foco até chegar às extremidades do cedro e visualizar a aura em torno de cada folhinha nova, suave e macia, fina como agulha...

Leve o tempo que for preciso para entrar no estado de consciência adequado ao momento, de modo que todos os seus sentidos aproveitem a experiência. Cheire os sumos pungentes: o aroma do cedro tem um efeito purificador, que vai livrar sua vida da negatividade, da dúvida, das pressões e das tensões. Com o vento, que redemoinha suavemente através dos galhos, essas coisas são levadas embora e a purificação é total...

Focalize a consciência no coração da árvore. Sinta a força e a flexibilidade do tronco. Aqui você sente o poder que lhe permite resistir às tempestades, que inevitavelmente passam por essa floresta mágica...

Leve sua consciência para baixo, até as raízes. Uma energia incrível vem lá de baixo e a luz passa zunindo. Siga raízes abaixo, cada vez mais fundo, passando pelas diversas camadas de rochas e minerais. O solo fica cada vez mais denso, suas raízes ficam cada vez menores, mas mesmo assim você consegue ir mais fundo, até sentir sua ligação com o coração da Terra. Você sente a pulsação da Mãe e o calor que vem de seu núcleo chamejante. Aqui, há alguma coisa para você — um pedaço da Mãe Terra que você pode levar quando continuar a viagem...

Traga-o com você quando subir. A energia o leva para cima, subindo pelas raízes e voltando ao tronco da árvore, onde dá para ver, do interior da parte de baixo do tronco, o símbolo do *Akasha* que se formou quando Gilgamesh feriu a árvore com o machado. Ao passar por essa porta, você é sugado por um redemoinho de noite, por um túnel de escuridão. A cintilação infinita das estrelas brilha em mudo esplendor, como que através de muitas camadas de véus de neblina...

A luz das estrelas logo dá lugar ao vazio total: você entra no Vácuo. Flutue por um momento sem fim nesse negrume aveludado...

Um grande olho aparece. Você é atraído por ele e o atravessa pela pupila...

Um presente especial espera por você ali dentro — alguma coisa que simbolize o ponto em que você está em sua evolução espiritual.

Pegue seu presente: foi a Deusa ou um de seus representantes que o deu para você. Ela está lá para ajudá-lo a conhecer o *Akasha* e a ter acesso aos registros.

Fique alguns momentos nesse lugar, ajustando-se à sensação do reino akáshico e recebendo informações de sua guia. Faça todas as perguntas que tiver... [*Longa pausa.*]

Você é mandado de volta, para fora do olho, com uma nova compreensão. Atravesse novamente o túnel de estrelas veladas e entre na árvore pela cicatriz que forma o símbolo akáshico.

Leve o tempo que for preciso para se centralizar no tronco da árvore.

Cedro

Partindo do centro, sinta-se a árvore inteira — total, equilibrada e enraizada no chão, rodeada de amor. A árvore se transforma em seu corpo e você está de volta à forma humana, diante de Thoth.

Discuta com ele sua viagem...

[*Thoth o ajudará a voltar à consciência comum...*]

GOLFINHO
Comunicação/Atlântida

Quase todo mundo acha os golfinhos irresistíveis e muito engraçados. Esses mamíferos são sensíveis, brincalhões, desinibidos — e têm muito a nos ensinar sobre a pura alegria de viver.

Muita pesquisa já foi feita sobre a possibilidade de comunicação lingüística com os golfinhos, pois eles parecem fazer um grande esforço para falar conosco. Há muitos relatos de comunicações telepáticas com os golfinhos, o que sugere que eles podem ser seres inteligentes e atenciosos. Essa idéia é sustentada por histórias de pessoas que foram salvas por golfinhos quando estavam se afogando ou sob ataque de tubarões.

Os golfinhos nos ensinam que a comunicação consiste em padrões e ritmos. Ao estudar a capacidade deles de comunicação, nesta viagem e em outras ocasiões, perceba que eles criam padrões e ritmos, necessários para a ocorrência de palavras. As pausas entre os sons também fazem parte da linguagem. Graças à sua facilidade de comunicação, o Golfinho já foi chamado de "Hermes do mar".

É próprio dos golfinhos perceber a continuidade em todas as ações da vida. Eles vêem a realidade como uma coisa mesclando-se a outra: estão absolutamente presentes em cada momento. Nadando no mundo dos golfinhos, valorizando a simplicidade e sentindo a alegria de saltar da água para o mundo inteiramente estranho do ar, conquistamos um modelo — um modo de viver a vida que nos dá uma forte certeza da continuidade fundamental de tudo o que acontece.

Em suas visitas, os golfinhos lhe ensinarão mais coisas sobre eles — um aspecto do passado dos golfinhos ou um conhecimento telepático do cosmos. Conhecendo-os melhor, você poderá passar mais tempo como golfinho durante as viagens. Ao voltar, não se esqueça de reservar alguns momentos para se sintonizar com a experiência. Além disso, procure se firmar no chão com especial cuidado depois de trabalhar com o Golfinho.

Um dos aspectos do Golfinho que exploramos nesta viagem inclui um espaço primordial, como o interior do útero, onde você poderá se desenvolver em estado de total repouso e receptividade. Não traga programações a este lugar porque o cuidado que recebe está além de qualquer plano.

Devido à poluição crescente, várias formas de vida marinha estão ameaçadas. Como presente para o Golfinho, encontre sua forma pessoal de contribuir com a luta para a preservação da vida em nossos oceanos.

A Viagem do Golfinho

[*Faça a alquimia...*]
Thoth o leva a uma baía selvagem, de águas azuis e cristalinas. Golfinhos brincam nessas águas tépidas, saltando como se estivessem se exibindo só para você, meneando a cabeça para a frente e para trás como se acenassem. Entre na água para nadar e brincar com os golfinhos. Eles não têm medo de você: estão curiosos. Você pode chegar bem perto e acariciar a pele lisinha do corpo deles. Preste atenção aos sons e aos movimentos que eles fazem. Eles conversam entre si e brincam à sua volta, irradiando prazer e alegria. Não tenha pressa: viva esse momento com os golfinhos. Veja como eles se comunicam e experimente a brincadeira e a vida comunitária... [*Longa pausa.*]

Uma das fêmeas faz amizade com você. Convidando-o a subir em seu dorso, ela o leva pela vastidão do oceano. Cavalgar essa criatura lisa e graciosa é uma experiência sensual e escorregadia. Ela se move com rapidez e determinação... [*Longa pausa.*]

Depois de um bom tempo nadando, vocês chegam às antigas ruínas da cidade submersa da Atlântida. Os golfinhos mergulham fundo nesse passado tremeluzente para lhe mostrar o local. Embora a areia e os escombros cubram boa parte da cidade, há um ar de grandiosidade na arquitetura e nas colunas que restaram. Percorra as ruínas com os golfinhos. O que você vê dos prédios e monumentos enterrados na areia lhe dá uma idéia do que foi um dia essa civilização majestosa.

Os golfinhos o levam a um lugar escondido, com uma tampa de alçapão em forma de círculo. Um anel com golfinhos gravados serve de alça para levantar essa tampa. Ela é pesada, mas os golfinhos ajudam. Erguida a tampa, eles esperam do lado de fora e você entra na escuridão pela abertura redonda.

É como se você estivesse envolto em veludo negro. A atmosfera é escura, silenciosa, quase soturna. A falta de estímulos acentua a qualidade misteriosa desse espaço. Dá para sentir, interiormente, a presença de um poder feminino pré-verbal. Você entrou no olho do Caldeirão do grande oceano primordial, retornou ao ventre da Grande Mãe. Fique diante desse antigo, embora informe, arquétipo feminino para receber a dádiva da regeneração... [*Longa pausa enquanto você permanece nesse espaço vazio, como o interior de um útero.*]

Quando seu período de gestação termina, você se sente contrair, como se as paredes do vazio o pressionassem. Você é expulso do útero e se vê de volta à água, com os golfinhos: agora você é um deles. Todos os seus sentidos estão mais intensos, revigorados e renovados. Sinta o fluir da água em sua pele. As vibrações sonoras percorrem seu corpo de um jeito diferente.

Nade como um golfinho. Desfrute, oceano afora, o arrebatamento dessa alegre folia com seus amigos golfinhos... [*Longa pausa.*]

De volta à baía onde Thoth o aguarda, um Golfinho toca em você e lhe dá um presente do mar... Agradeça aos golfinhos do modo que lhe parecer mais adequado. Eles estão contentes por você ter feito essa viagem e o convidam a voltar quando quiser.

Use sua vontade consciente para sair da água: isso o trará de volta à forma humana. Observe, por alguns momentos, seu reflexo nas águas cristalinas, para poder ver seus traços físicos...

[*Thoth o ajudará a voltar ao corpo. Depois de trabalhar com o Golfinho, é especialmente importante se firmar no chão e se centralizar. Se for difícil pôr os pés na terra, olhe no espelho para ver sua forma humana.*]

Coiote
Sua Sombra

O Coiote é o Mágico. Os índios norte-americanos o chamam de Avô Coiote, ou Velho Coiote, e o consideram um mestre. Para nos ensinar, ele desmascara desejos ocultos e nos mostra aspectos surpreendentes de nós mesmos. Suas numerosas façanhas e seu comportamento atrevido como criador, mestre, mutante e galhofeiro aparecem nos mitos e lendas de várias tribos e culturas do mundo inteiro.

O Coiote é mais do que um personagem — é um conceito intrigante que desconcerta e desafia todos os que tentam defini-lo. Nem sempre ele aparece como coiote: algumas tradições o conhecem como Lebre, Gralha ou Corvo. No Japão, por exemplo, o Mágico é a Raposa, e o equivalente egípcio é o Chacal. Ele pode ser visto, sem a menor dúvida, em Thoth.

O Coiote honra o Caldeirão com uma viagem à "sombra", trazendo à luz o que está oculto. Ele o ajuda a ver, sob uma nova luz, o que talvez você ignore. A hora do Mágico é exatamente entre o dia e a noite — o momento da fresta entre os mundos, quando a magia é mais potente. Por isso, é melhor fazer essa viagem ao crepúsculo ou anoitecer. Se for impossível, visualize a luz do crepúsculo. Para esta aventura, você tem que viajar pelos domínios do Coiote: pelas encostas das colinas, entre árvores e arbustos, e talvez por regiões totalmente desérticas.

Esta é uma viagem de caça, uma expedição de busca. Você está à caça de uma experiência que seja um ensinamento. O Coiote lhe mostra o que você tem que enfrentar em sua vida. É claro que, sendo Coiote, ele sempre evita o esperado. Às vezes ele espia a vida dos outros. Pode ser que ele lhe dê uma oportunidade de se reconhecer nas ações dos outros: você vai espiar o que eles fazem dentro de casa e descobrir que faz mais ou menos a mesma coisa. Pode ser que aprenda a rir de si mesmo ou perceba que foi feito de bobo.

Talvez o truque seja este: compreender a si mesmo por meio de outra pessoa. Pode ser que você seja obrigado a revirar o lixo à cata do que comer — ou a caçar um animal pequeno. Para viajar com o Coiote, você tem que fazer tudo o que ele faz. Se ele correr, você corre. Se ele saltar, você salta. Vale tudo numa viagem com o Coiote. Por isso, esteja preparado e disposto a se olhar bem no fundo para descobrir o sentido oculto da lição.

A viagem do Coiote tem o final em aberto e é melhor fazê-la quando já se tem alguma experiência como viajante porque, quando a história pára, você está sozinho.

A Viagem do Coiote

[*Faça a alquimia do Caldeirão...*]
Você tem que encontrar sozinho o Coiote, mas Thoth o guiará até os seus domínios: uma região arborizada ou descampada, um deserto ou uma montanha. Pode ser que você o veja em meio à vegetação rasteira ou tenha que se pôr à espreita dessa criatura astuta. Ele está escondido em algum lugar em meio às sombras: procure onde é mais escuro. É como se você estivesse sondando as profundezas do seu próprio espírito. Não desvie o olhar do Coiote, pois a ligação inicial é feita olho no olho... [*Longa pausa.*]

O Coiote o fita atentamente. Com as orelhas em pé, ele está alerta a uma variação sonora que vai muito além da audição normal. A língua lambe a saliva que pinga das mandíbulas sequiosas. Ele se coça e você sente um cheiro característico, que catalisa sua transformação num coiote magro e cor de terra. Todos os seus sentidos estão mais intensos, especialmente o olfato e a audição.

Você se movimenta velozmente em seu corpo de coiote, acompanhando seu amigo. Ele pode ficar à sombra ou disparar por um campo aberto ou uma área desguarnecida. Quanto mais você corre, quanto mais longe chega, menos resistência impõe, seguindo o Coiote para onde quer que ele o conduza. Quando ele avança, você avança. Quando ele pára, você pára. Esta é uma viagem para você entender os lugares escuros — pois o Coiote não tem medo do escuro. Deixe que ele o conduza à experiência que lhe serve melhor neste momento... [*Longa pausa.*]

Quando se cansar ou sentir que a experiência está completa, olhe novamente nos olhos do Coiote e deixe-lhe como presente um alimento para o espírito... Receba qualquer mensagem que ele ainda tenha para lhe transmitir e volte ao caminho onde Thoth o espera. Você vai voltar à forma humana e relatar a ele a sua experiência...

[*Thoth o ajudará a voltar à consciência comum...*]

GAIO-AZUL
Máscaras

As máscaras projetam os aspectos multifacetados da personalidade e nos protegem cobrindo nossos pontos vulneráveis. Usamos diferentes máscaras para diferentes ocasiões e situações e, através delas, podemos sair de nós mesmos e nos observar. Elas são usadas também para reverenciar diferentes aspectos de nós mesmos, como o guerreiro, o artista, a sombra ou a criança interior.

O Gaio-Azul usa várias máscaras: ele é o mestre dos disfarces. Com sua capacidade de imitação, ele se torna os sons de outros animais, embora continue sendo um gaio-azul.

Somos muitas vezes iludidos pelas máscaras que as outras pessoas usam. Muitas usam, por exemplo, a máscara da luz.

Este mundo está tão cheio de gente que se diz da luz que você tem que aprender a enxergar por trás de máscaras e disfarces.

Muito hábil, o Gaio-Azul consegue arrancar as máscaras dos outros para que possamos ver sua intenção e sua verdadeira identidade.

Quando você não enxergar a diferença entre as pessoas e as máscaras que elas usam, o Gaio-Azul vai ajudá-lo. Ele consegue decifrar mensagens confusas e enxergar por trás das máscaras enganosas de quem muda de cara conforme a situação.

Depois desta viagem, quando tiver o Gaio-Azul como aliado, você vai perceber que ele é muito útil como amigo.

Quando questionar a veracidade de seres mascarados sem conseguir chegar a uma resposta clara, chame o Gaio-Azul e ele pousará em sua mão direita. Ele vai pôr a máscara apropriada ou expor a verdadeira face do ser que você estiver questionando.

Voltando outras vezes ao Gaio-Azul, você receberá, de um verdadeiro mestre, algumas lições sobre como mudar de forma.

A Viagem do Gaio-Azul

[*Faça a alquimia...*]
Thoth o toma pela mão e, juntos, vocês caminham pelo campo. Ele diz: "Psssiu. Escute." Ouvindo um pio de falcão, você se volta — mas não vê nenhum falcão... Em seguida, você ouve um guincho de rato e se agacha para procurar no mato, mas não vê nada se movendo... Ouve-se o som de outros pássaros, que você não reconhece... E depois um som de esquilo...

Thoth o leva até um pinheiro e chama um Gaio-Azul... Estenda a mão direita: o Gaio-Azul pousa sobre ela e envolve seus dedos com as garras, apertando-as até perfurar sua pele. Aquilo dói... Thoth lhe diz que o Gaio-Azul deixou sua marca em você. Sintonizando-se com suas vibrações interiores, ele se tornou seu aliado.

Ao olhar o Gaio-Azul nos olhos, você se vê refletido, vestindo a máscara que mostra ao mundo. O Gaio-Azul imita o seu personagem... Pode ser que ele lhe mostre as máscaras que você usa mais freqüentemente...

Caso esteja preparado e disposto, você pode ter um vislumbre do seu verdadeiro rosto — aquele que está por trás de todas as máscaras...

O Gaio-Azul lhe transmite um ensinamento a respeito das máscaras e da maneira correta de usá-las... [*Longa pausa.*]

Se existe alguém em sua vida de cuja verdadeira identidade você não tem certeza, o Gaio-

Azul lhe mostrará a máscara dessa pessoa e também o que ela esconde...

Como oferenda para o Gaio-Azul, dê a ele algum disfarce que não sirva mais para você. O Gaio-Azul é brincalhão e vai se divertir com esse disfarce...

Discuta essa experiência com Thoth...

[*Thoth o ajudará a voltar ao corpo...*]

Chacal
O Submundo

Nativo da Ásia e da África, o Chacal é um canino com fama de astuto e sagaz, que vive nas franjas do deserto. É semelhante ao coiote e tem, com ele, alguns atributos em comum. Sua hora é a mais escura, pouco antes do amanhecer, quando seu uivo saúda o novo dia.

Anúbis, o deus-chacal do Egito, tem uma perspectiva singular e iluminada. Ele é o guardião do Submundo, aquele que abre o Caminho. É Anúbis que verifica a balança no momento da morte. Quando uma pessoa morre, ela é conduzida à balança de Thoth e o peso de seu coração é comparado ao de uma pena de Maät, a deusa que representa a verdade e a justiça.

Os antigos egípcios escondiam e lacravam os túmulos com muito cuidado, mas o chacal sempre descobria um jeito de entrar. Para tirar vantagem dessa situação, os egípcios fizeram do chacal o guardião dos tesouros dos túmulos. Anúbis é um alquimista da melhor qualidade, conhecido pela mestria na arte de embalsamar. Além disso, ele cuida de crianças abortadas ou rejeitadas.

Com Anúbis, você vai explorar em segurança o Submundo. Ele tem audição afiada, muita clareza, olfato acentuado e capacidade de distinguir entre as várias fontes de luz e de escuridão. Sua visão distingue todas as cores, claras e escuras, e se desloca com a rapidez do pensamento. Sem perder tempo para refletir, sua prontidão para agir é instintiva.

Anúbis é um mestre e, através dos seus olhos, você recebe educação, ensinamento e proteção. Ele guia as pessoas através da escuridão, levando-as de volta à luz. Para quem tem medo da escuridão, saber que existe um guia já é um grande alívio.

Nesta viagem, você terá a oportunidade de explorar situações opressivas ou questões traumáticas que possa ter reprimido ou esquecido. Na presença de Anúbis, você pode lançar luz sobre esses antigos episódios e liberar a energia que se acumulou em torno deles. *Antes* de fazer a viagem — reflita sobre as questões que está preparado para enfrentar. É possível também, na presença de Anúbis, despertar lembranças enterradas além da memória consciente. Relaxe e dê a si mesmo permissão para explorar profundamente.

Para encontrar Anúbis através do Caldeirão, você irá ao encontro de Thoth na escuridão da noite. Ele o conduz aos olhos incandescentes do Chacal que se esconde nas sombras. Uma vez iniciado, você poderá evocar Anúbis como guardião e protetor.

A Viagem de Anúbis

[*Faça a alquimia do Caldeirão...*]
Thoth está à sua esquerda. Anúbis espreita silenciosamente nas trevas, os olhos brilhantes e fixos em você. Sem desviar os olhos dos dele, expresse sua disposição para enfrentar as questões mais profundas de sua sombra...

Ele o saúda, agradece pela sua presença e talvez o fareje e lhe dê umas lambidas. De repente, ele levanta e sai correndo. Siga-o. Ele corre com muita rapidez e você tem que se esforçar para não ficar para trás. Ele sobe uma colina, voltando-se de vez em quando para ver se você ainda está com ele... Há uma bifurcação no caminho e Anúbis vira à esquerda, correndo ainda mais rápido. Desista de imaginar por quê. Pare de pensar no assunto.

No momento em que você deixa de fazer suposições, Anúbis pára e começa a cavar. Primeiro ele raspa o solo e depois começa a cavar para dentro da terra, criando um buraco que serve de entrada ao Submundo. Lá dentro, há um caminho. Você vê raízes de árvores pendendo lá de cima. Anúbis o conduz por túneis secretos, penetrando cada vez mais fundo na terra...

Você é finalmente levado a uma câmara: é o seu santuário de iniciação. Está muito escuro — tão escuro que formas e cores parecem verter do negrume. Agora você pode se concentrar, com segurança, nos traumas e dilemas que lhe pesam na alma. Na medida em que essas questões se revelam à sua percepção, você entende o que deve fazer para resolvê-las. As opções são pesadas e seu lado intuitivo é equilibrado à sua natureza pragmática para lidar com as imagens que surgem. Anúbis está a seu lado, como guardião e protetor, durante todo o processo... [*Longa pausa.*]

Quando estiver satisfeito, Anúbis o levará de volta ao lugar onde cavou o buraco...

Se quiser, faça uma oferenda de gratidão e descubra seu próprio caminho para voltar a Thoth... Discuta com ele a experiência...

[*Thoth o ajudará a voltar ao corpo...*]

Parte VII

Viagens para Celebração e Glorificação

Há muita coisa sobre nós mesmos que podemos aprender com o Reino Animal porque os animais nos mostram atributos inatos de que às vezes nos esquecemos. Temos muito a glorificar e a celebrar com esses nossos parentes no que se refere à riqueza, à beleza e à pura alegria de viver.

Tartaruga
Servir/Dar

A Tartaruga é uma das criaturas mais antigas do planeta. Suas origens remontam ao tempo em que a vida emergiu da água pela primeira vez. Ilustrações mitológicas hindus mostram uma imagem de quatro elefantes voltados para as quatro direções, sustentando o mundo nas costas. E eles estão sobre o casco de uma tartaruga.

Alguns índios norte-americanos chamam a América do Norte de "Ilha da Tartaruga" e algumas tribos das florestas sul-americanas acreditam que a Tartaruga é símbolo do planeta inteiro — a "ilha no céu".

A Tartaruga representa a natureza perpétua da vida e sua contínua regeneração, planetária e corporal. É importante salientar a paciência e a tolerância da Tartaruga: ela é clemente, compreensiva e gentil, mas não ingênua ou crédula. Há milênios, ela mantém as mesmas características gerais, adaptando-se a mudanças geológicas e processos evolutivos da Terra. Ela enxerga com clareza e tem uma compreensão profunda, telúrica, do que acontece à sua volta. A Tartaruga é eternamente jovem sem ser infantil. Maternal, ela consola e acalma: é um exemplo de compaixão. Mas sua maior dádiva é o serviço que presta às gerações futuras, por sua diligente atenção à proliferação contínua da vida.

Esta viagem veio de Tawahana, o espírito da grande tartaruga vermelha. Vermelho é a cor da carne e do sangue da Mãe Terra. Há uma ligação simbólica entre as lágrimas vermelhas que a Tartaruga verte nesta viagem e tudo o que é desconhecido, todos os mistérios da vida — inclusive os mistérios dos fluidos menstruais da mulher, do sangue produzido pelo corpo para gerar descendentes. Todo ser luta para gerar uma nova vida e as tartarugas exemplificam a tenacidade e a força necessárias para cumprir sua extenuante função de reprodução. Elas dão conta da tarefa sem expectativas — seja de sucesso, seja de fracasso.

A respiração da Tartaruga nos permite entrar em contato com o corpo e seus limites físicos. E ajuda a expandir a percepção além do contorno do corpo. Antes de fazer esta viagem, pratique a técnica de respiração da Tartaruga:

> Respire profundamente pelas narinas, inspirando o máximo de ar que conseguir e enchendo o corpo como se estivesse dentro de um casco de tartaruga. Expire rapidamente pelo nariz. Respirando desse modo, você sente uma pressão na frente e atrás, como se estivesse usando um casco de tartaruga.

A Viagem da Tartaruga

[*Sente-se confortavelmente. Faça cinco vezes a respiração da Tartaruga (ver acima). Prossiga com a alquimia...*]
Thoth lhe mostra o caminho para a casa da Tartaruga. Você caminha até uma lagoa onde há um sem-número de formas de vida. Veja a luz do sol refletida na lagoa. Olhando para a água, você distingue um movimento. Uma grande tartaruga vermelha sobe à superfície e lhe faz um gesto. Entre na lagoa e siga a Tartaruga, que mergulha fundo na água...

Perto do fundo da lagoa, ela pára e você monta em suas costas. Nadando, sua forma desaparece e você se torna um com a Tartaruga... Sinta seu corpo, as membranas em seus pés pequenos. Sinta como está seguro no casco, sabendo que pode se retrair para dentro dele a qualquer instante.

Sinta-se como a cor vermelha, a cor da Mãe Terra. Você sente uma profunda ligação com a Terra e compreende que você é o símbolo da Ilha da Tartaruga.

Como Tartaruga, seus movimentos são lentos, ponderados e precisos. Você é perpétuo e eterno: não se movimenta depressa e não toma decisões apressadas. Quando precisa de ar, você vai até a superfície e nada até a margem...

A praia é coberta por uma linda areia branca. Saia da água e dê alguns passos, atento à temperatura da areia. Procure um ponto que seja quente e ensolarado pelo maior tempo possível durante o dia. Com as patas traseiras, cave um buraco, o mais fundo que puder. Concentrado na tarefa, você cava o buraco com grande compaixão, carinho e ternura. Seu chakra do coração está totalmente aberto. Quando o buraco estiver bem fundo, entre nele de costas e ponha seus ovos...

Ao terminar de botar os ovos, você, como Tartaruga, lança um encantamento sobre eles. Com zelo e delicadeza, você os cobre de areia, tomando muito cuidado. Sua compaixão pelos filhotes, que jamais vai conhecer, é ilimitada, insondável. Você teme por sua segurança, sabendo que poucos chegarão à idade adulta.

Quando estiverem todos cobertos, ande em cima do ninho e, com a pata esquerda, alise a areia, para que não pareça que ali há um buraco. Junte galhinhos, folhas ou algas e espalhe-os sobre o ninho, para camuflá-lo.

Quando terminar, caminhe devagar para a água. Lágrimas vermelhas lhe escorrem dos olhos, deixando gotas vermelhas na areia.

Volte à água, mergulhe e pare para descansar lá no fundo. Seu corpo se separa da Tartaruga. Desça das costas dela e flutue para olhá-la nos olhos, durante muito, muito tempo. Pode ser que ela tenha uma mensagem para você, um ensinamento que é especial neste momento... [*Longa pausa.*]

Se quiser, faça uma oferenda...

Quando sua comunicação com a Tartaruga terminar, ela vai nadar com você, guiando-o pela lagoa até o ponto em que você entrou na água. Siga pelo caminho, indo ao encontro de Thoth.

Fique alguns momentos com ele...

[*Thoth o ajudará a voltar ao corpo...*]

CASTOR
Responsabilidade/Diligência

O Castor era uma importante fonte de alimento para os povos nativos de toda a América do Norte. Mas, com a vinda do homem branco, o comércio da pele de castor passou a ter uma importância central na economia de muitas tribos. Os índios norte-americanos da região subártica — que abandonaram a vida nômade, fixaram-se em aldeias e se tornaram comerciantes — passaram a depender de mercadorias européias. A caça desmedida — impulsionada pela moda do chapéu de pele de castor — dizimou rapidamente a população de castores: no começo do século XIX, eles já eram raros e, em alguns lugares, praticamente extintos, deixando sem recursos os desafortunados comerciantes. Com a proliferação das doenças e do alcoolismo, os índios ficaram tão ameaçados de extinção quanto os castores que tinham caçado.

Os castores tiveram um importante papel no controle da água e da terra, em toda a América do Norte, durante centenas de anos, rarefazendo as florestas e construindo barragens. Hoje, no entanto, são vistos como uma praga prejudicial à floresta.

No Caldeirão, a viagem com o Castor ensina a arcar de modo criativo com as responsabilidades da vida cotidiana. Ele nos ajuda a ser mais produtivos e diligentes em nossas atividades. O Castor faz o que precisa ser feito, sem desperdiçar energia com procrastinações. Ele estimula a criatividade nas tarefas mais humildes e usa seus instintos para realizá-las com o máximo de eficiência, pois é muito diligente e adora trabalhar.

Com os castores, aprendemos a trabalhar em equipe já que, no desenvolvimento de seus projetos de construção, todas as contribuições se equivalem e toda ação desempenha uma função necessária: na comunidade de castores, todo mundo é artista ou projetista. O Castor sintetiza o ditado:

"Antes da iluminação, corte a lenha e carregue a água; depois da iluminação, corte a lenha e carregue a água."

A Viagem do Castor

[*Faça a alquimia do Caldeirão...*]
Perto de Thoth há um Castor. Ele é pequeno e está sentado nas patas traseiras, balançando a cauda larga e achatada e mastigando com voracidade. Ele o chama com um gesto: "Venha comigo". O Castor apóia no chão as patas dianteiras e caminha à direita de Thoth, em direção a um bosque onde se vê alguns bordos derrubados. São árvores jovens, não muito grandes. Você vê as marcas de dentes nos pontos em que foram roídas.

O castor sobe nos seus ombros, apóia a cabeça dele na sua e cobre seus olhos com as patinhas frias. Parece que você está de capuz, depois de casaco e, finalmente, você sente que tem uma cauda de castor. Você está compartilhando o corpo do Castor e os pensamentos dele entram em sua mente. Sente-se sobre as patas traseiras e sinta o equilíbrio que a cauda lhe dá. A sensação é de segurança, embora a cauda não seja pesada: ao contrário, ela é bem leve.

Apóie-se nas quatro patas e caminhe em direção à água. Observe as árvores da perspectiva do Castor. Existe uma que é perfeita para o dique que ele está construindo. Experimente roer a madeira com seus dentes largos e afiados. Quando a árvore cai, limpe os galhos e escolha o pedaço de madeira que vai levar ao dique. Apanhe-o e entre na água.

Na água, o corpo do Castor é leve e flutua com facilidade, assim como a tora de madeira: não é preciso fazer força para carregá-la. Você compreende, então, que a responsabilidade é como a madeira: quando você percebe sua flutuabilidade, ela deixa de ser um peso.

Seus instintos lhe dizem qual é o ponto exato para colocar a madeira no dique. Esteja sempre atento a esses instintos. Pratique um pouco: vá e volte algumas vezes da água para a margem, transportando madeira para o dique. Você sempre escolhe uma tora de tamanho diferente e sempre consegue encontrar o lugar certo para ela — o ponto onde ela se encaixa perfeitamente. Faça isso pelo menos três vezes... [*Longa pausa.*]

Quando terminar, é hora de entrar, por baixo da barragem, na toca do Castor. A entrada é submersa mas o interior, em forma de colméia, fica acima da água. Uma vez lá dentro, você é parte da comunidade. Há vários adultos e alguns jovens castores, dividindo alimento e calor. Comunicando-se com os castores, você recebe um ensinamento a respeito da responsabilidade em sua vida... [*Pausa.*]

Ao sentir que a experiência terminou, pense em Thoth. Quando seu corpo sutil sair pela cabeça do Castor, agradeça a ele por compartilhar seu mundo com você. Ele lhe agradece por ter vindo. Uma boa oferenda para o Castor é a sua vontade de participar do mundo dele, permitindo-lhe compartilhar o que ele tem para compartilhar — sua singular perspectiva da vida.

Discuta sua experiência com Thoth...

[*Thoth o ajudará a voltar à consciência comum...*]

Corvo
O Resgate da Infância

As histórias sobre o Corvo são comuns na mitologia dos povos nativos do noroeste dos Estados Unidos e também nas culturas celta, chinesa e japonesa. O Corvo é um mágico, que leva a melhor porque pensa mais do que os outros. Manipulador e falador, muitas vezes consegue que os outros façam seu trabalho por ele. É considerado um glutão, com tendência para comer até ficar enjoado. Em muitas histórias indígenas, o Corvo surge como companheiro de infortúnio do Coiote e, como este, costuma ser o alvo das próprias piadas. Os corvos são excelentes ladrões: como gostam de coisas brilhantes, sempre há tais objetos entrelaçados em seus ninhos.

Em muitas tradições, o Corvo é símbolo de feitiçaria e magia. Na Europa, os feiticeiros assumiam a forma de Corvo, assim como os magos japoneses que mudavam de forma. Ele representa os poderes negros da noite, a sombra do pássaro preto com asas abertas. O Corvo é um mensageiro do lado negro. Ele voa para o vazio e volta, transportando mensagens e curas entre os dois mundos. Vê-lo pode ser um presságio de mudança iminente.

O Corvo anuncia também o perigo. Ele desperta a floresta quando há intrusos, alertando todos os animais sobre as intenções de quem se aproxima, especialmente quando se trata de pessoas. Os índios do noroeste norte-americano imitavam o grasnar do Corvo para avisar uns aos outros quando os inimigos se aproximavam.

O Corvo é um bom aliado para quem teve uma infância difícil, pois consegue entrar nos lugares escuros onde o medo e a tensão espreitam, vencendo-os e ajudando a pessoa a se livrar deles. Ele é capaz de encontrar os pontos ocultos do abuso físico e emocional e de iluminá-los, abrindo caminho para a cura. O Corvo nos ajuda a recuperar a liberdade que já possuímos ou que deixamos escapar.

O Corvo é muito espontâneo e, como as crianças, é direto quando vai atrás do que quer — seja uma jóia reluzente, seja um alfinete. Os "deves" e os "nãos" não fazem parte de seu condicionamento. Ele nos ajuda a recuperar essa atitude da infância. Para quem conseguiu conservar as características positivas da infância, esta viagem é uma oportunidade para celebrar. Entre na natureza travessa do Corvo — e divirta-se com a viagem!

Preparação para a Viagem

Esta viagem é um tanto complexa, mas vale a pena. Ela exige preparação. Visualize quatro aspectos de sua infância que foram importantes para você. Ter tido ou não o que desejou é menos importante do que ter desejado. Escolha com cuidado as coisas de maior valor.

Transforme esses aspectos em quatro bugigangas ou brinquedos: objetos que simbolizem seu apego a cada um deles. Por exemplo: se você queria ter sorte, escolha um pé de coelho para simbolizar essa característica. Ou, se queria se destacar em competições esportivas, escolha um prêmio ou troféu. Talvez você quisesse ser o primeiro da classe. Neste caso, um boletim só com notas 10 pode ser um bom símbolo.

A seguir, ponha esses objetos em locais de destaque, onde você gostaria que estivessem. Pendure o prêmio na parede e ponha o pé de coelho na cabeceira da cama, por exemplo. Para isso, você pode usar a imaginação em sua meditação ou, se lhe parecer melhor, pode arrumar fisicamente os objetos.

Determine de antemão onde será o seu esconderijo — o canto onde vai esconder o produto de seus furtos.

A Viagem do Corvo

[*Quando tudo estiver no lugar — em sua mente ou no espaço físico — faça a alquimia do Caldeirão...*]

Thoth lhe indica uma entrada que dá acesso ao escuro reino do Corvo. Quando você entra, seus braços se transformam em asas e você percebe que está preto e nervoso. Sentindo-se estranhamente travesso e brincalhão, você dança sem parar quando não está voando: não consegue ficar quieto.

Voe até onde estão os símbolos de suas conquistas. Você fica cada vez mais agitado ao observar esses tesouros, exibidos abertamente para todo mundo ver. Você os quer só para você, escondidos onde ninguém mais possa tê-los. Eles são tão preciosos que ninguém pode saber que você vai recuperá-los. Espere até ter certeza de que não há ninguém olhando... [*Pausa.*]

Agora vá: pegue uma dessas coisas valiosas e voe até o mais secreto dos lugares na realidade atual, o esconderijo que você escolheu, e guarde seu tesouro...

Não saia do esconderijo até ter certeza de que ninguém está olhando. Em seguida, vá recuperar os outros três suvenires, um de cada vez, até que todos os símbolos estejam escondidos em seu local secreto... [*Longa pausa.*]

Quando tiver trazido todos os queridos suvenires ao local secreto, disponha-os de modo decorativo e dance e cante de prazer. Essa dança é o seu agradecimento pela viagem. Você pode dançar de verdade ou se imaginar dançando em sua mente...

Dance até se cansar e voe de volta a Thoth... Relate a ele sua experiência...

[*Thoth o ajudará a voltar...*]

Rato-do-Campo
Humildade

Pequeno e humilde, o rato-do-campo tem muito a ensinar aos seres humanos. Os ratos-do-campo têm com a terra uma ligação tão diferente da dos humanos que é difícil, para nós, compreendê-la. Grande parte de seu mundo existe no espaço criado pelas nossas pegadas pelos campo. Nesta viagem, você experimenta e avalia como é ser pequeno.

O Rato-do-Campo é uma criatura minúscula, caçado por corujas e muitos outros predadores. Presa constante de forças além do seu controle, ele preza a terra e reconhece sua pequenez diante desses seres maiores, que podem, num gesto, tirar-lhe a vida. O Rato-do-Campo vive sobre a terra com gratidão, sabendo que sua vida pode ter um fim repentino a qualquer momento.

Se for possível, faça esta viagem na floresta, no campo ou num parque — uma região selvagem seria o ideal, mas o seu quintal também serve. Se não der para fazê-la ao ar livre, providencie uma fita ou disco com cantos de pássaros ou sons da natureza e, talvez, uma paisagem campestre — e até um recipiente com terra para pôr as mãos. A combinação de gravura, sons, sensação tátil da terra e imaginação será suficiente.

Se você fizer a viagem ao ar livre, o ideal é ficar deitado no chão. Se tiver medo de insetos, lembre-se de que eles também têm motivo para ter medo, pois você é capaz de prejudicá-los muito mais do que eles a você. Se quiser, leve uma lente de aumento — mas tome cuidado para não matar nenhum ser, supostamente insignificante, com o calor concentrado do sol.

É importante para os seres humanos descobrir o caráter sagrado da simplicidade. Temos tendência para ser exigentes, sempre querendo o máximo, até mesmo no plano espiritual, e impondo nossa vontade ao ambiente. Os ratos-do-campo têm uma riqueza em suas vidas: eles vivem em harmonia com os elementos. Seu caminho é o da gentileza: capazes de se curvar, eles encontram a força através da aceitação. Usam os poucos materiais do seu mundo para construir ninhos muito simples — e mesmo assim têm um amor pela terra que nossa vida complicada raramente permite.

Esta é uma viagem de poucas palavras.

A Viagem do Rato-do-Campo

[*Leve com você muita paciência e quietude. Deite-se de barriga para baixo num gramado. Não levante a cabeça da grama. Com o queixo encostado no chão e a grama ao nível dos olhos, faça a alquimia do Caldeirão e entre no mundo do Rato-do-Campo...*]

Há, nesse nível, um ambiente tão completo e singular quanto o seu. Perceba os insetos, a vida fervilhante que existe no solo. Vivendo tão perto do chão, da pele da Mãe Terra, você percebe o quanto depende dela e de seu poder de compartilhar.

Abra os braços para os lados, como se abraçasse a terra. Descanse o queixo no chão e fique assim o tempo que seu corpo deixar. Imagine-se como um rato que vive nessa área. Você se sente pequeno e franze o nariz para captar a fragrância dos arredores...

Expanda sua consciência em todas as direções. Sinta-se parte desse reino. Se você for realmente humilde e observar esse domínio com atenção sem deixar de sentir com o coração, a consciência que vai adquirir fará muito bem ao seu ser. Você jamais verá a terra como via antes.

Deitado de braços abertos e barriga para baixo, no campo ou na floresta — ou mesmo no quintal —, abra o coração e sinta a vida do planeta sob o corpo. Isso, por si só, é um milagre. Permita-se sentir a alegria de abraçar a terra, cheirar a grama, sentir o ar e o sol. Essa experiência simples deve bastar para lhe trazer felicidade e uma grande alegria.

[*Thoth o ajudará a voltar ao corpo...*]

Pavão
Magia/Bondade/Generosidade

O Pavão é um totem um tanto controverso. Em algumas culturas, a pena de Pavão dá azar, especialmente no jogo, enquanto em outras, que vêem nessas penas notáveis o olho que tudo vê, trazem sorte e poder. Entre hindus e muçulmanos, as penas do pavão servem para afastar espíritos malignos. O Pavão é a ave nacional da Índia e o trono da Pérsia era chamado de "Trono do Pavão".

O Pavão tem um antigo conhecimento de magia e é capaz de trabalhar a energia para criar tudo o que quer. Como seus desejos são poucos, ele aproveita ao máximo seu tempo aqui na Terra, fabricando um cenário deslumbrante e suntuoso para nele se apresentar. Ele se sente à vontade nesse ambiente e gosta da própria criação.

O Pavão é bastante brincalhão — um hedonista, na verdade —, mas isso não o incomoda. Para ele, não existe espírito crítico nem negação. Ele tem, com seu jeito caloroso e generoso, a capacidade de apreciar e de abarcar a vida. Ele acharia graça em nossos julgamentos, pois se diverte sem se afastar do Espírito.

Pássaro grande e gracioso, o Pavão sabe que vive num corpo no plano terrestre e que precisa aproveitar sua capacidade para manifestar prazeres hedonísticos. Vivendo a vida com leveza e humor, ele é um rei — atencioso e nobre. Sua forma é bela, mas ele não lhe tem apego: estar num corpo é como usar uma máscara. Quem domina a arte de pôr e tirar as máscaras quando bem entende vive no corpo com uma liberdade que lhe permite brincar.

O Pavão tem muito a ensinar sobre humor, o tipo de humor que nos impede de abusar do poder. Pegar as coisas no ar é um dom. E, como todos os dons, deve ser tratado com gratidão e alegria. Há uma grande generosidade nesse modo de ser.

Às vezes, nesta viagem, basta a presença do Pavão e a oportunidade de se harmonizar com essa impressionante capacidade de manifestação, sem apego nem falso orgulho. O verdadeiro orgulho vem de uma generosidade profunda. O Pavão reflete a sua generosidade e lhe mostra como aceitar dádivas sem usá-las para manipular os outros. Há no Pavão uma grandiosidade que pode parecer pomposa, dependendo da perspectiva do visitante. Se você se aproximar com admiração e inveja, as lições que vai aprender serão outras — pois ele refletirá inveja e orgulho.

Essa experiência está relacionada também à suntuosidade. Viva a experiência completa do esplendor do Pavão para compreender a capacidade que ele tem de se manifestar, rodeado, ao mesmo tempo, de uma beleza deslumbrante e sedutora.

A Viagem do Pavão

[*Faça a alquimia...*]
Quando você sai da alquimia e encontra Thoth, sua atenção é atraída por uma sensação rítmica, uma vibração. Abandone-se a essa vibração para entrar em sintonia com o Pavão: ela é como um toque de tambor em seus ouvidos. Repercutindo essa vibração, você atravessa barreiras de tempo e espaço para se sintonizar com a freqüência onde a capacidade de manifestação do Pavão pode ocorrer. O ritmo vai continuar, mais ou menos perceptível, durante toda a viagem.

Thoth lhe indica o caminho e você chega a um extenso gramado onde se vê, à distância, um pagode budista. Você sente, pelo ar, que está num lugar muito alto. Os pinheiros, o ar fresco e rarefeito e o céu azul-claro realçam essa cena. O pagode tem uma cúpula de ouro e o interior lembra uma cama com dossel. Bolas douradas encimam as colunas e os degraus facilitam o acesso. Pavões perambulam pelo gramado.

Mais perto do pagode, você vê pilhas de almofadas ricamente bordadas com fios de ouro. No chão, suntuosos tapetes da mais fina seda da Pérsia, vasos com água e incenso e oferendas de grãos e flores. No meio das almofadas, entronizado no templo oblongo, está um esplêndido Pavão.

Chegue mais perto. Ao subir os degraus, é possível que você sinta vontade de fazer uma reverência diante desse nobre pássaro. Ele lhe diz para se sentar. Você se senta ao lado dele e admira suas penas, o pescoço longo e sedoso e a colorida crista no topo da cabeça. Não dá para ver as pernas, que estão dobradas embaixo dele. Esse Pavão está muito à vontade com sua beleza, nobreza e orgulho — e muito feliz por dividir com você o esplendor do seu reino. Ele quer envolvê-lo nesse sentimento para que você também experimente essa elegância, esse conforto e esse porte majestoso.

Perceba que, aqui, você se sente incluído: o Pavão não precisa deixar as pessoas de fora. Ele lhe oferece damascos secos, cocos e sementes. Ninguém trouxe essas coisas — elas simplesmente apareceram.

Acompanhe o olhar do Pavão, que percorre seus domínios tão bem cuidados. O suntuoso manto de grama se estende em todas as direções, pleno de beleza, simetria e graça. Ele parece antigo — como se já estivesse ali há muito, muito tempo.

Mágico que é, o Pavão sabe fazer as coisas aparecerem do nada. Ele lhe dá um presente, que tira do nada, e um ensinamento apropriado à sua visita e ao momento... [*Longa pausa.*]

Esse pavão tem prazer em dar e um "obrigado" é sua maior recompensa. Você não precisa admirá-lo — estar em sua companhia já é suficiente. Quando sentir que está na hora, saia para o gramado, onde Thoth o espera. Divida a experiência com ele...

[*Thoth o ajudará a voltar...*]

Búfalo Branco
Reverência/Ancestrais

Os Búfalos eram vitais para os índios das planícies norte-americanas: forneciam alimento, vestuário, abrigo e ferramentas. Como os búfalos brancos eram extremamente raros, ver um deles era considerado um presságio auspicioso — uma dádiva do Espírito muito valorizada. Quando os búfalos foram massacrados, os índios norte-americanos perderam com eles seu modo de vida.

A Mulher Búfalo Branco é cultuada na América do Norte, em particular pelos índios das planícies, como aquela que trouxe o Cachimbo da Paz. Segundo a lenda, num inverno especialmente rigoroso, dois caçadores de uma tribo dos Lakota Sioux saíram em busca de comida para o povo. Na floresta, encontraram uma mulher e um dos homens a olhou com desejo — apesar das objeções do outro caçador, que reconheceu nela uma *wacan*, que significa "sagrada" ou "santa". Quando o primeiro homem revelou suas intenções ao companheiro, a mulher o chamou para perto e uma nuvem de poeira encobriu os dois. Quando ela se dissipou, cobras devoravam uma pilha de ossos aos pés da mulher. Ela disse, então, ao outro caçador, que no dia seguinte iria à aldeia levar presentes para o povo. Disse ainda para ele voltar à aldeia e preparar sua chegada: os índios tinham que preparar uma grande tenda usando métodos sagrados.

No dia seguinte, a mulher chegou e foi recebida pelo povo da tribo. Ela trazia consigo um embrulho, dentro do qual estava o Cachimbo da Paz. Dirigindo-se ao povo, ela disse o seguinte: se fumassem o cachimbo de acordo com suas instruções e realizassem as cerimônias que ela ia lhes ensinar durante sua estada, eles cresceriam em força e prosperidade. Do contrário, ficariam fracos e desapareceriam.

O cachimbo lhes foi ofertado como um meio para alcançar o Grande Espírito e para rezar: ele funciona, entre outras coisas, como intermediário. Ao fim de sua estada, depois de distribuir presentes e ensinamentos, a mulher deixou a aldeia e se transformou num bezerro de búfalo branco. Por isso, o cachimbo original é denominado Cachimbo do Bezerro de Búfalo Branco e a mulher é conhecida como a Mulher Búfalo Branco. Esse objeto valioso continua sendo um ícone entre os Lakota e outras tribos da nação Sioux e ainda hoje é conservado e venerado em Dakota do Sul.

A Mulher Búfalo Branco é uma divindade importante para quem busca um caminho de harmonia no Grande Mistério. Seus ensinamentos tratam de questões ligadas à reverência e ao sagrado. Ela transmite também um senso de força feminina — a força da Mãe. No Egito, a deusa correspondente seria Hathor, a Vaca que a todos alimenta, a Deusa-Mãe que proporciona fartura ao povo. Na Índia, a vaca é considerada sagrada.

Esta viagem entrou no Caldeirão de modo mágico, como resultado direto de uma oferenda de ensinamentos. A oferenda parece ser a essência desse ser maravilhoso: as oferendas vêm do coração. O ritual da oferenda é praticado há muito tempo por várias tribos, em louvor ou agradecimento. A oferenda pode ser de tudo, de qualquer coisa. Pode ser de um pedaço de carne, de um símbolo ou de um grande ensinamento capaz de mudar nosso caminho na vida. Sob certas circunstâncias, pode-se pedir que alguém faça uma oferenda de tudo o que possui.

A Mulher Búfalo Branco trabalha com você questões referentes à manifestação, ajudando-o a superar bloqueios e barreiras que o separam da fartura e da alegria que ela representa. Você pode também consultá-la em questões de família ou comunidade. Ela aparece como búfalo, como mulher ou nas duas formas ao mesmo tempo. Dou muito valor a esta viagem e é como uma oferenda que eu a compartilho com você.

Um toque de tambor xamânico intensifica a viagem. Então, use como fundo um ritmo constante: pode ser uma fita com som de tambor ou um tambor xamânico de verdade.

A Viagem do Búfalo Branco

[*Faça a alquimia do Caldeirão...*]
Thoth lhe mostra uma planície. Até onde a vista alcança, a relva ondula ao vento que vem do norte. Quando se acostuma à planície e à sua vibração expansiva, você se dá conta dos búfalos à sua volta. Você está no meio de

uma manada: alguns animais pastam, outros perambulam por ali. Sintonize-se ao búfalo e vá entrando em consonância com seu espírito essencial até se sentir um deles. Você sente a enorme cabeça à frente da sua. Sentindo que se tornou um búfalo, você bate a pata no chão e balança a cauda...

Dilate as narinas e faça cinco respirações de búfalo, inspirando e expirando pelo nariz com muita força, preparando-se para o ataque. Na última expiração, você arremete, martelando a terra com os cascos, trovejando pela vasta extensão da planície.

Você chega a um lugar cheio de pedras, mas não consegue ver o que tem do outro lado. Você salta por sobre as pedras e o chão desaparece — é um precipício! Você se perde, caindo, como se toda a sua realidade lhe fosse arrancada. Sinta o horror da queda — é como se a sua vontade fosse eliminada. Você cai para a morte do seu velho modo de ser, espatifando-se sobre gerações de ossos de seus ancestrais no fundo do precipício... Há ali um ensinamento para você, dos seus ancestrais... [*Longa pausa.*]

Quando você fica em pé, os ossos desapareceram, o precipício desapareceu e você está em paz. Os búfalos estão à sua volta. Há aqui uma sensação de eternidade e de comunidade: você faz parte daquilo e caminha com os outros búfalos. É como se existisse uma só mente. É como se essa realidade alternativa estivesse sobreposta às grandes planícies. Ajustando o foco, você sente o poder, a força e a delicadeza que o Búfalo Branco traz ao se aproximar. Você sente um misto de reverência e temor. Cumprimente-o com respeito e receba a mensagem ou presente que ele lhe traz. Pode ser um grande ensinamento ou um símbolo vivo... [*Longa pausa.*]

No espírito da oferenda, ofereça alguma coisa ao Búfalo Branco...

Quando o momento com o Búfalo Branco chegar ao fim, atravesse o véu que o separa da grande planície, onde você vai retornar à forma humana. Thoth estará ali para compartilhar com você a sua experiência...

[*Thoth o ajudará a voltar ao corpo através da coroa. Não deixe de se firmar no chão e de se centralizar em seu corpo...*]

Parte VIII

Viagens para Libertação

O objetivo desta parte de *Meditações dos Animais de Poder* é desobstruir o caminho que leva à libertação das restrições de crenças e pensamentos limitados. Os velhos padrões são abandonados, abrindo caminho para novas e ampliadas visões, que geram uma ligação maior com o Todo da Criação.

CAMELO
Localização/Persistência/ Desenvolvimento da Intuição

O Camelo árabe de uma corcova, encontrado em várias regiões do oeste da Ásia e norte da África, é tido em alta conta por sua insuperável resistência. O Camelo transporta cargas pesadas em longas viagens pelo deserto, quase sem necessidade de alimento ou água. Os beduínos chamam o Camelo de *ata Allah*, "presente de Deus", em sinal de gratidão pelos inúmeros serviços essenciais que ele presta. Além do transporte, os camelos fornecem leite, carne, couro, lã, cordas e pincéis — e até mesmo a sombra que protege contra o sol ardente. Sua capacidade de reter fluidos é tão eficiente que o esterco que produzem é seco a ponto de ser usado como combustível. A tolerância para as flutuações da temperatura corporal e a lenta absorção da água contribuem para sua capacidade de passar vários dias sem nada para beber.

Os camelos estão sempre preparados, pois a qualquer momento podem ser convocados para viajar dias a fio quase sem descanso. A corcova não é usada para armazenar água, mas gordura, que é convertida em energia quando o alimento é escasso. Embora tido como mal-humorado e obstinado, o camelo é paciente e inteligente. Ele é imprevisível, mas não desagradável.

Quando tudo parece perdido, o Camelo chega para ajudar os desesperados. Ele aumenta sua resistência e o ensina a confiar na própria intuição. A cada viagem que fizer com o Camelo, você aumentará sua base de conhecimento e incrementará sua capacidade intuitiva. Assim, acabará tendo um conhecimento interior do deserto, da paisagem inteira da sua vida — e poderá até mesmo enxergar o que há do outro lado. Quem sabe onde está e consegue encontrar o caminho a qualquer instante não precisa temer o desconhecido nem os ventos da mudança. Você consegue traçar um percurso — por mais que os ventos e tempestades de areia lhe obscureçam a visão exterior.

A Viagem do Camelo

[*Faça a alquimia do Caldeirão...*]
Você vai ao encontro de Thoth e se vê no meio de um enorme deserto. A paisagem à sua volta é formada por morros arenosos e estéreis, que se estendem em todas as direções. Você se dá conta de que não sabe onde está e nem como sair desse lugar desolado. Não há pontos de referência, pois as dunas se movimentam sem cessar. O vento uiva e a areia levanta, criando uma nuvem que obscurece sua visão, embora dê para distinguir formas onduladas e padrões mutantes nas colinas que tremulam... Sentindo-se perdido, você pensa nos acontecimentos mutantes de sua vida cotidiana, que o deixam desorientado. Você não sabe ao certo como integrar todas essas mudanças. Deixe que as questões entrem em foco... [*Pausa*.]

Escale a duna mais alta de todas e, lá de cima, olhe para o outro lado, onde há um olho d'água protegido contra o vento. Ali, descansando ao lado da água, você vê um Camelo. Ele está deitado, à vontade, e dá uma olhada quando você se aproxima. Ao chegar perto do Camelo, abra seu coração completamente e olhe-o nos olhos. Admita que está perdido e peça a ele que o ajude a encontrar o caminho... [*Pausa*.]

Suba nas costas do Camelo e acomode-se na sela – incline-se para a frente e depois para trás quando o camelo tomar impulso para se levantar. Ele segue a passos largos pelo deserto, num andar confortável, tranqüilo e ritmado. Você é jogado para a frente e para trás, embalando seu terceiro chakra — a área do plexo solar, entre o coração e a barriga —, que rege a vontade e o poder pessoal. À medida que você se acostuma ao ritmo, ele se transforma em sua segunda natureza e você desenvolve um sentimento de união com o Camelo... Sentindo-se mais confortável, você começa a entender intuitivamente o movimento e a compartilhar a consciência com seu novo amigo... [*Pausa*.]

Observe como o Camelo se porta nesse vasto deserto. Sutilezas como a qualidade da luz e o ângulo do sol, a tendência do vento e o comprimento das sombras começam a adquirir sentido. Embora não haja pontos fixos de referência, é como se um mapa tivesse sido aberto sobre a paisagem, estendendo-se além do horizonte indefinido. Você começa a perceber vagamente onde está com relação aos oásis, às montanhas e às cidades nas franjas do deserto. Você tem uma sensação precisa de que sabe onde está a água: sente a energia dela sob o solo e sabe em que pontos ela é mais forte ou mais fraca... Você se dá conta de que não está controlando o Camelo: suas lembranças se fundem às dele e é como se tivessem uma só mente. E de repente, esse deserto totalmente desconhecido se torna familiar... [*Longa pausa.*]

Você já não está mais andando às cegas e se enche da certeza de que jamais se perderá de novo — pois terá para sempre a capacidade para determinar exatamente onde você está com relação ao suporte e ao alimento de que precisa... Você tem consciência total do teor de umidade do seu corpo e sabe combinar essa consciência com o conhecimento de quanto falta para chegar a algum lugar onde possa repor essa umidade.

A consciência de sua situação se acentua e você consegue reavaliar suas prioridades. O que era crucialmente importante ou insuperável no início da viagem, é agora uma preocupação menor, na medida em que você determina quais as metas que estão ao seu alcance e quais não estão... [*Pausa.*]

O vento se reduziu a uma brisa suave. Você está calmo e caminha, confiante e imperturbável, para onde sabe que tem que ir. Você sente seu destino no corpo... O fato de saber para onde está indo põe tudo num contexto diferente... Suas prioridades estão entrando em foco... Com mais clareza a respeito do que é mais importante e da direção que deve seguir na vida, você consegue avançar serenamente... [*Pausa.*]

Thoth aparece. O Camelo pára e se ajoelha para que você desça... Como presente para o Camelo, ofereça uma maçã ou, quem sabe, uma borla vermelha e dourada para a sua rédea. Lembre-se: você tem que ser sempre bondoso com o seu Camelo... Relate sua experiência a Thoth, que acompanhou sua viagem e veio ao seu encontro no final...

[*Thoth o ajudará a voltar ao corpo físico e à realidade comum. Firme-se no chão e centralize-se antes de abrir os olhos...*]

PELICANO
Alimento e Proteção para a Criança Interior

O Pelicano é uma das poucas criaturas da Terra que quase não sofreram alterações desde tempos pré-históricos. Nas tradições místicas, o Pelicano tem um *status* quase mítico enquanto ícone religioso. Nas lendas cristãs, ele é aquele que, como Cristo, sacrifica o próprio sangue pelos filhotes. No verbete sobre o Pelicano no *A Dictionary of Symbols*, J. E. Cirlot diz: "Ave aquática que, segundo a lenda, amava tanto os filhotes que os alimentava com o próprio sangue, abrindo o peito com o bico para esse fim. Essa é uma das mais conhecidas alegorias de Cristo (...)" Na alquimia, o Pelicano é o alambique, o ventre ou receptáculo em que a vida é transformada, e representa também o estágio chamado *mortificatio* — quando a carapaça exterior se rompe para revelar o verdadeiro ser interior.

A fêmea do Pelicano protege os filhotes com determinação implacável, sabendo que só ela os protegerá. Por isso, é feroz, firme e irredutível. Proteger os filhotes é sua missão e ela é motivada por um saber puramente instintivo, maternal e primordial. Mesmo quando tudo está perfeito, ela tem que avançar mais um passo.

Na viagem com o Pelicano, destaca-se seu papel de protetor da criança interior. É um papel importante porque uma criança interior saudável, segura e totalmente integrada, é o dínamo que nos mantém girando em equilíbrio. O Pelicano nos ajuda a controlar esse nosso aspecto com uma atitude de proteção e carinho, o que permite que nossa criança interior seja ouvida e aceita. Como adultos, ou mesmo como crianças mais velhas, temos que assumir a proteção da criança interior, pois ninguém a protegerá por nós. Isso nos ajuda a integrar nosso ser de modo a não haver separação entre a criança e a mulher ou homem que ela se tornou. Há um ponto de integração em que atingimos a unidade, a totalidade. Na viagem com o Pelicano, lembre-se de que ele é um aspecto seu, um aspecto mais evoluído que cuida de um outro, menos evoluído.

A Viagem do Pelicano

[*Faça a alquimia...*]
Quando você termina a alquimia, Thoth vai ao seu encontro e lhe mostra uma praia. Você pisa na areia quente e fina, onde verá algumas conchas e galhos de árvores esbranquiçados, trazidos pelo mar. Essa praia é um lugar de inocência — de novidade e claridade. Tudo é límpido. O sol é brilhante e o ar, tépido e claro, parece tão fresco quanto o mar. Lá, é fácil voltar à infância, a um tempo de segurança e inocência. As ondas são suaves e você se surpreende saltando e correndo — e se sentindo feliz.

Paralelas à costa, elevam-se íngremes formações de pedra. Você começa a subir pelas pedras, uma escalada difícil para o seu corpo pequeno de criança. Mas, apesar das dificuldades do caminho, você sente que está sendo guiado por alguma coisa. É fácil encontrar saliências que servem de apoio para os pés e para as mãos — e você vai em frente, mesmo quando parece que não vai conseguir, tão difícil é o caminho.

Você é atraído instintivamente a um ponto em especial. De lá de cima, vem o grito agudo do Pelicano, que o acompanha durante o resto da escalada. Você sente borrifos de água salgada no rosto: lá embaixo, as ondas estão muito mais violentas. Finalmente, você chega ao topo e vê o ninho de pelicanos, onde uma grande e linda mãe Pelicano o espera. Ela abre as asas para recebê-lo e, quando o protege com elas, você se sente como se fosse seu filhote. Ela toca sua testa com o bico e você sabe que agora pode descansar em segurança. Não tenha pressa: procure se imbuir dessa sensação de segurança, com todos os seus sentidos... [*Pausa*.]

Feche os olhos e se aconchegue mais. Com o bico, a Mãe Pelicano perfura o próprio peito, derramando seu sangue sagrado para alimentá-lo... Você recebe toda a proteção e vigilância de que precisa — e as levará consigo. De agora em diante, você saberá, no fundo do coração, que está seguro... Alimentado pelo sangue da Mãe Pelicano, você percebe que a sua criança interior — a criança que você se tornou nesta viagem — está começando a se integrar ao adulto que você é na realidade cotidiana... Visualize sua criança interior vulnerável e sozinha. Depois, deixe que a consciência se expanda para abarcar seu corpo de adulto. Sinta-se agora como um adulto que guarda por dentro, em segurança, a criança interior... [*Pausa.*]

Quando se sentir completo em si mesmo, receba a sabedoria que a Mãe Pelicano lhe transmite... [*Longa pausa.*] Você se sente como se o seu coração estivesse criando asas. Agora, você pode se abraçar com as próprias asas, envolvendo-se nelas quando precisar de proteção.

A Mãe Pelicano o põe dentro da bolsa expansível que tem sob o bico. Ela levanta vôo do topo do penhasco e sobrevoa o mar, que já está calmo de novo. Depois de banhá-lo na água morna e salgada, ela o deposita delicadamente na praia onde você iniciou a viagem... Ela o deixa na areia e volta ao ninho, batendo as asas enormes. Ela pia. A vibração desse grito solidifica o ensinamento em seu corpo e em sua alma. Você sabe que basta buscar essa freqüência, lembrar-se desse som ou reproduzi-lo, que ele a trará de volta a qualquer momento.

Como um presente à Mãe Pelicano, comprometa-se a proteger as crianças. Se por acaso esquecer, você vai se lembrar quando ouvir o grito. Proteger as crianças é proteger o futuro. Temos que criar um futuro seguro para nossas crianças e para o planeta.

Thoth aparece. Compartilhe sua experiência com ele...

[*Thoth o ajudará a voltar ao corpo... Não deixe de se firmar no chão e de se centralizar...*]

GIRAFA
O Ponto de Vista do Coração

A Girafa é uma criatura delicada, que vê a vida de uma perspectiva singular. Sendo o mais alto dos animais, ela enxerga de uma altura excepcional, enquanto a firmeza de sua postura a mantém em forte ligação com a terra. De coração enorme, a Girafa percebe a dimensão do coração com todo o seu ser, vendo e sentindo as ligações do seu coração com toda a rede da vida. Ao guiá-lo nesta viagem, ela lhe dá uma oportunidade de pedir ajuda e cooperação. Ela sabe que, no reino do coração, só há relações de amor — relações em que cada ser alimenta a chama de todos os outros.

Embora relacionada à dimensão das palavras e das ações, a dimensão do coração é completamente independente. A Girafa nos lembra de fazer viagens regulares à dimensão do coração para honrar e afirmar essa rede de luz e amor. Na medida em que nos acostumamos a ver as interações cotidianas no contexto dessa rede de amor, mais clara e mais acessível ela se torna.

A Girafa concede ainda outra dádiva: a de saber que no coração só pode residir a verdade. Quando você fala com outro ser, ocorre ao mesmo tempo uma conversa na dimensão do coração: uma conversa de verdade, a única que realmente importa da perspectiva da alma.

A Viagem da Girafa

[*Faça a alquimia...*]
Na presença de Thoth, concentre-se na chama do coração e lhe transmita amor para que ela se expanda, brilhe e cresça... [*Pausa.*]

À luz da chama do seu coração, você se vê nas estepes africanas, amplas e abertas. Essa paisagem espaçosa é pontilhada de árvores altas, de copas largas e espalhadas. Caminhe até uma dessas árvores e ouça o vento brincando suavemente nas folhas e agitando a relva.

Apóie as mãos na casca da árvore e sinta seu tronco firme e solidamente enraizado... Olhe para cima e veja o dossel de folhas. Percebendo que é fácil subir nessa árvore, você se agarra a um galho forte e toma impulso para cima. Depois, alternando as mãos, você escala até o centro da copa.

Quando encontrar um galho confortável, acomode-se e observe a estepe dessa nova perspectiva. Com os sentidos intensificados, você percebe um farfalhar ao seu lado. Vire a cabeça: você está olhando os olhos gentis da Girafa.

Ao olhá-la nos olhos, deixe sua atenção ser arrastada para o coração. Ligando-se de coração a essa Girafa, você expande o seu próprio coração. Perceba a sensação: seu coração está se abrindo... [*Pausa.*] À luz do seu coração expandido, você começa a ver os rostos das pessoas que lhe são mais próximas. Sinta sua ligação com esses seres: filamentos de luz dourada tomam forma e ligam uns aos outros esses espíritos afins, formando uma pequena rede — uma família, um clã.

A aceitação mútua que existe nessa família fortalece suas ligações nessa rede. Para cada parte sua que não se sente amada, há um ser nessa rede que a ama. Você começa a identificar uma inteireza nessa estrutura de amor... Observe, sem pressa, algumas relações específicas: reconheça-as e agradeça... É uma oportunidade de um coração falar com outro... [*Longa pausa.*]

Permita, agora, que sua visão da rede se expanda: você verá mais filamentos dourados, ligando outros corações cheios de amor, aumentando e espalhando-se até formar uma rede brilhante e incandescente em torno do globo... Essa teia luminosa é quase invisível. Por isso, é importante reconhecê-la e fortalecê-la... [*Pausa.*]

Recebe-se na mesma medida a luz que se compartilha — mesmo que palavras e ações não o demonstrem — porque agora estamos na dimensão do coração... Passe alguns momentos refletindo profundamente nesse espaço de amor. Deixe-se acalentar nessa totalidade pelo tempo que quiser... [*Longa pausa.*]

Quando sentir que a experiência está completa, agradeça à Girafa por compartilhar sua perspectiva especial... Agora, olhando a estepe, você vê que cada animal e cada planta, nesse descampado vasto e aberto, vive numa relação de amor com todos os outros.

Desça da árvore e retorne à terra. Firme-se no chão e centralize-se.

Lembre-se da gentileza da Girafa e faça dela uma parte sua. Por mais certo ou errado que você ou o outro estejam, gentileza e bondade são sempre apropriadas. Esse é o presente do coração.

A lembrança do olhar amoroso da Girafa estará sempre no seu coração para lembrá-lo de que não precisa ter medo de olhar nos olhos dos outros, pois verá sempre a verdade.

[*Thoth o ajudará a voltar ao corpo físico...*]

LAGARTO-DE-CHIFRES
Couraça/Evolução Consciente

O Lagarto-de-Chifres é uma espécie ameaçada de extinção, que vive principalmente no Texas. Muito tímido, suas lições falam de solidão, de alienação e de auto-imagem negativa. Como ele é solitário por natureza, você vai ter que procurar por ele e envolvê-lo na viagem. O Lagarto-de-Chifres é parente do camaleão, embora o ambiente não lhe ofereça tantas oportunidades para se esconder. Assim como o camaleão muda de cor de acordo com o ambiente, o lagarto mudará de aparência durante a viagem. Nessa aventura conjunta, cada um aprenderá muita coisa a respeito de si mesmo e do outro.

Enquanto estiverem juntos, o Lagarto-de-Chifres vai compartilhar com você seu processo evolutivo, explicando como desenvolveu espinhos para garantir a sobrevivência. Protegido pela confiança que se desenvolve entre os dois, você começa a entender quem você é por baixo de suas couraças e a explorar o seu próprio processo de autoproteção, que o acompanha desde que nasceu.

Compartilhando suas histórias com o Lagarto-de-Chifres, seu corpo e sua alma se lembrarão, no nível celular, de um tempo em que você ainda não precisava de proteção — da couraça invisível que lhe serve de escudo. Esta é uma oportunidade maravilhosa para participar de sua própria evolução. No espaço seguro que o Lagarto-de-Chifres lhe proporciona, você pode sair da couraça protetora que criou assim como o lagarto muda de pele, mesmo que seja temporariamente. Esse é o presente do lagarto para você, mas não se sinta obrigado a se expor — abandone a couraça protetora só quando estiver preparado.

O Lagarto-de-Chifres vai pegar a proteção que você abandonou e acrescentá-la ao próprio DNA. Mesmo contribuindo com uma única célula, você influenciará a evolução de toda a espécie do lagarto. Você, como ser humano, já passou pelo estado de réptil, enquanto ele nunca foi humano. Nossas necessidades são muito diferentes das dele. Com a mente, criamos uma proteção psicológica, coisa que o cérebro dos répteis nem é capaz de imaginar. Mas o Lagarto-de-Chifres pode transformar sua necessidade cerebral de proteção em proteção física para ele e para sua espécie. Com isso, sua prole desenvolverá, por exemplo, pernas mais rápidas ou espinhos mais pontiagudos do que os de seus ancestrais.

Cabe a você decidir se quer conservar suas couraças depois da viagem. Mas, no espaço seguro proporcionado pelo Lagarto, você pode rever as escolhas que fez na infância, informado agora por seu conhecimento de adulto. Dessa nova perspectiva, você é livre para fazer escolhas diferentes a respeito de quem você é e do que lhe serve melhor agora. O Lagarto-de-Chifres o ajuda a sair de trás da tela de proteção e a ver a perfeição que você é neste exato instante.

A Viagem do Lagarto-de-Chifres

[*Faça a alquimia...*]
Seu encontro com Thoth é num lugar cheio de gente: uma estação de trem, um *shopping center* ou um aeroporto. Caminhando ao lado dele, você sente espinhos pontudos se projetando do seu corpo, em todas as direções. Em meio à multidão, você percebe que todos lhe abrem espaço: a couraça de espinhos é uma parte física do seu corpo que mantém os outros à distância.

Continuando a andar, você se dá conta de que, nesse lugar lotado, as outras pessoas também usam couraças, que encobrem a verdadeira natureza de cada uma. Ao passar por pessoas feridas por uma infância infeliz, você percebe sua solidão em sua postura. Uma pessoa profundamente machucada carrega excesso de peso corporal, que aparece aqui em forma de espinhos para afastar quem a magoou — e o resto do mundo também. Outra parece uma criança assustada, cujo corpo de adulto, coberto por uma grossa couraça de espinhos, lhe dá proteção — e afasta também o amor e o carinho. Veja se os escudos usados pelas outras pessoas são eficazes... Considere, agora, seus próprios escudos — como você se sente dentro de sua couraça protetora — para descobrir se funcionam ou não neste momento da sua vida... [*Pausa.*]

Vire-se e estará sobre as areias quentes do deserto, um lugar seco e rochoso, pontilhado de arbustos, árvores raquíticas e cactos. De cima de uma pedra, um Lagarto-de-Chifres o observa. Ao ver esse lagarto, protegido por pontas e chifres, você se dá conta do impacto causado por suas próprias defesas — especialmente agora, que estão fisicamente manifestas...

O Lagarto conta a história de sua evolução. Ele não criou chifres como proteção contra os perigos da infância: eles fazem parte do seu processo evolutivo... [*Pausa.*]

Compartilhe sua história com o lagarto — a história dos seus magníficos espinhos... [*Longa pausa.*]

Você tem, agora, a oportunidade de abandonar algumas partes de sua couraça, se assim preferir. Você pode dar ao Lagarto-de-Chifres qualquer proteção que estiver preparado para abandonar: ele vai descobrir um jeito de incorporá-la ao seu próprio DNA. Dedique a isso o tempo que for necessário e observe a transferência... [*Pausa.*]

Livre das proteções que quis abandonar, você percebe que sua sensibilidade está mais intensa... Não tenha pressa e procure se acostumar com essa vulnerabilidade. Saiba que, com esse novo nível de sensibilidade, você consegue reconhecer a presença do verdadeiro perigo — um recurso que vai protegê-lo sem isolá-lo dos outros.

Agradeça ao Lagarto pela lição maravilhosa e vire-se outra vez: você está no meio da multidão, caminhando com sua nova pele e consciente de sua nova vulnerabilidade. Use o discernimento que tem agora para trilhar um caminho seguro em meio a essa multidão...

Thoth o espera e compartilha com você esse novo modo de ser.

[*Quando estiver pronto, Thoth o ajudará a voltar ao corpo... Não se esqueça de se firmar no chão e de se centralizar...*]

LOBO
A Verdadeira Segurança

O Lobo é muito respeitado em várias tradições de índios norte-americanos que o têm como um mestre cheio de sabedoria e de um notável senso de comunidade. Na mitologia nórdica, ele é o legendário Fenrir, o lobo feroz temido até pelos deuses. Na vida selvagem, no entanto, sabe-se que o Lobo evita confrontos. Ele é a expressão definitiva das qualidades caninas, incluindo a lealdade, a amizade e a devoção à comunidade. Como ele é um ser muito complexo, seus ensinamentos são profundos e variados.

Nesta viagem, o Lobo o ajuda a ver o ponto em que você está neste momento e lhe dá orientações pertinentes ao destino do seu percurso. Acredite: é sempre seguro trabalhar com ele. Mas, se você estiver escondendo alguma coisa, saiba que o Lobo enxerga através de qualquer artifício. Você pode ter certeza de que ele lhe mostra sempre um reflexo autêntico de quem você é.

Todos os sentidos do Lobo são muito aguçados. Aproximando a cabeça do chão, ele sente, na terra, as vibrações de tudo o que está acontecendo. Seus ouvidos distinguem sons que a consciência humana nem sequer registra. Com sensibilidade aguda, ele percebe, na sua voz, a verdade e a falsidade — pois há uma ressonância que ocorre apenas quando se diz a verdade. Quando você fala com a mente, desligado das emoções e da sabedoria corporal, sua mensagem nada significa para o Lobo. Mas, quando você fala com as entranhas ou com o coração, ele se prende a cada palavra. Na presença do Lobo, você vai saber qual é o seu caso: se o que você fala vem do intelecto, ele vai ficar impaciente, nervoso e tenso — mas vai relaxar se ouvir a linguagem emocional do coração.

Além disso, o Lobo sente todos os cheiros que você exala. Extremamente perceptivo, ele percebe com exatidão o estado da sua mente e do seu coração a cada momento. Por isso, ao conversar com ele, preste atenção no que você pensa — os olhos penetrantes do Lobo enxergam dentro da sua alma.

Quando você viajar para visitar o Lobo, ele vai ajudá-lo a encontrar a sua própria fonte de força e segurança. Ele o convida a deixar o refúgio e a segurança para descobrir quem você realmente é. A verdadeira segurança surge quando você renuncia ao seu porto seguro — seja ele um lugar físico ou velhas crenças e hábitos. Quando você abre mão da antiga forma, alguma coisa nova pode acontecer. É buscando a verdade que iniciamos a mudança. Ao decidir fazer esta viagem, você envia uma mensagem ao Universo: a ilusão de segurança não lhe basta mais — você está pronto para encontrar a verdadeira fonte interior.

Um dos pontos mais importantes desta viagem é a oportunidade de ver a sua própria verdade com os olhos inabaláveis do Lobo — que testemunha e aceita a realidade de tudo o que vê.

A Viagem do Lobo

[*Faça a alquimia...*]
Thoth o guia até a fogueira de um acampamento, numa clareira no meio da floresta. É noite e você está sozinho, sentado num tronco de árvore. Deslizando a mão pela superfície do tronco, você sente a textura da casca... Perceba a estabilidade desse assento... Sinta o calor do fogo e veja a luz trêmula refletida nos galhos das árvores à sua volta. Perto do fogo, tudo parece seguro e aconchegante. As chamas ardem vivamente e, se vierem a se extinguir, há muita madeira por perto. Está tudo muito quieto.

Você sente uma presença. Voltando-se, vê dois olhos amarelos a perscrutá-lo na escuridão logo além do círculo iluminado. Embora você o tenha convidado, observe como se sente ao ver os olhos do Lobo. Com uma rápida olhada para a escuridão, ele o convida a acompanhá-lo.

Vá até ele. Você hesita na borda do círculo iluminado, ele o observa rapidamente e se volta para a floresta escura. Para segui-lo, você tem que sair de perto da fogueira e de tudo o que ela representa. Ele avança lentamente e você o segue: está silencioso e escuro, pois o chão da floresta está há séculos ao abrigo da luz. Mas você se acostuma facilmente à escuridão... Seus movimentos ficam cada vez mais parecidos com os do Lobo. Siga-o pela floresta... Vagas formas de árvores se erguem à sua volta, enquanto a fogueira fica cada vez mais distante. Penetrando cada vez mais na floresta,

Lobo

observe como seus sentidos se aguçam: os ouvidos estão alertas a qualquer som, os olhos investigam movimentos e o nariz sonda o ar em busca de cheiros — enquanto cresce a sua ligação com o espírito de lobo que há em seu interior.

Logo à sua frente, o Lobo avança devagar. Depois de algum tempo, ele se detém ao lado de um tronco caído junto a uma árvore grande. Sente-se no tronco. Ao seu lado, sentado nas patas traseiras, o lobo está absorto em tudo o que acontece na floresta e o convida a viver como ele este momento. Deixe sua mente acompanhar quaisquer sensações, pois o Lobo criou um espaço seguro para que você possa receber um ensinamento da floresta... [*Longa pausa.*]

Voando silenciosamente, uma coruja roça as asas aveludadas em você. Você leva um susto — chega a ficar com medo — mas percebe que ela está absorta na própria caçada.

Volte a prestar atenção no Lobo, cujo olhar penetrante está voltado para você. Permita-se saber quem você é neste momento — sem a cobertura de descrições e histórias e sem apego àquilo que acredita a respeito de si mesmo — pois é assim que o Lobo o vê... [*Pausa.*] Agora você tem uma oportunidade de perguntar ao Lobo o que quiser. Mesmo que ele responda com silêncio, você sabe que o mundo há de responder sua pergunta de algum outro modo.

De repente, o Lobo levanta, dirige a você um olhar que fala da experiência que compartilharam e se despede — até a outra vez. Ele se volta rapidamente e entra no mato. Você sabe que não é para segui-lo. Sozinho na escuridão, deixe que seus sentidos se estendam além do que você consegue ver e ouvir e saiba que é capaz de encontrar o caminho de volta à fogueira. O espírito do lobo interior lhe dá acesso à aguda consciência do Lobo, permitindo-lhe percorrer a floresta com confiança. Atento ao calor do fogo, você o segue por entre as árvores, em meio à escuridão, até começar a ver seu brilho.

Você está trazendo o que aprendeu de volta ao acampamento. Thoth o recebe junto ao fogo. No círculo aquecido, você remexe as cinzas.

Pegue o tronco em que se sentou no início da viagem e ofereça-o ao fogo. Discuta a experiência com Thoth e aproveite para fazer qualquer pergunta que lhe tenha ocorrido...

[*Thoth o ajudará a voltar ao corpo físico... Firme-se no chão e centralize-se...*]

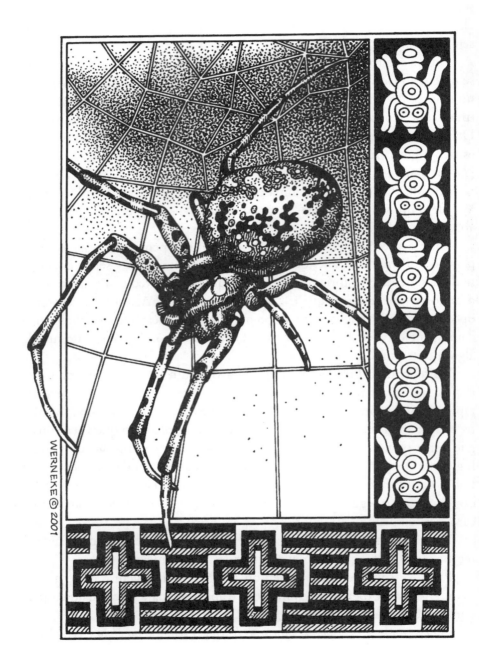

Aranha
Respeito/A Teia da Criação

A Aranha é reverenciada por várias culturas indígenas como a tecelã do Universo. Os índios Lakota a chamam de "Iktome", tecelã do poder de cura. A Aranha nos ensina a persistir na realidade presente e, ao mesmo tempo, compreender nossa relação individual com a totalidade da criação — sua teia é uma metáfora dos pensamentos que expressam nossa paisagem interior. Para muitos, a Aranha é o mais antigo dos seres. Em algumas tradições, o nosso mundo surgiu em conseqüência da teia que ela teceu no Princípio. Na Índia, a Aranha é associada à *maya*, ou seja, à ilusão da realidade tridimensional.

Todos nós tecemos teias de energia que projetamos em todas as direções e por todas as dimensões. Assim como os fios sedosos, feitos da substância do próprio corpo da aranha, cada uma de nossas ondas de energia transporta nossa vibração ou assinatura. Esses padrões são um composto de tudo o que somos, sabemos e tocamos. Cantamos essa canção vibratória de nós mesmos para todas as coisas, que nos respondem cantando, definindo nosso lugar individual no cosmos.

As aranhas se comunicam entre si tangendo fios de diferentes espessuras em suas teias, o que produz vibrações que são vistas, sentidas e ouvidas através do Universo. Até a mais leve vibração é registrada na teia. Toda essa informação é compartilhada — infinitamente. Para cada Aranha, o centro do Universo é o ponto em que ela está em sua teia. A Aranha sabe andar na própria teia — sabe em que fios pisar e quais evitar. Ela não pisa nos fios pegajosos, onde ficaria presa. Você vai perceber que a Aranha não põe fios pegajosos no centro da teia — que é o centro dela mesma. Alguns pensamentos são pegajosos e podem nos enredar como os fios pegajosos da Aranha enganam sua presa. Outros pensamentos, como a armação da teia, são fortes e estruturais. A Aranha nos ensina o discernimento — ela nos ajuda a perceber a que pensamentos podemos nos agarrar e quais temos que evitar. A Aranha está sempre atenta — como você, ao viajar com ela.

Os fios pegajosos da teia da Aranha são comparáveis à estrutura material do mundo — *maya*, a ilusão. A Aranha usa esses fios pegajosos para conseguir seu sustento — assim como você consegue o seu jogando com a ilusão. Mas, como sabe quem está acostumado a meditar, a única coisa que realmente conhecemos é a natureza transitória dos pensamentos. A Aranha o ensina a se relacionar com a mente como ela se relaciona com a teia. Quando ficar preso aos fios mentais, à *maya* da realidade tridimensional, você pode pedir à Aranha que lhe clareie a visão.

Menos conhecidos, mas igualmente profundos, são os dons de cura da Aranha. A ciência nos diz que, em pesos iguais, a seda da aranha é mais forte do que o aço. E basta uma colher de chá dessa seda para tecer um milhão de teias! Segundo relatos indígenas, as teias eram usadas para cobrir feridas quando não existia Band-Aid. Com o mesmo tipo de seda que usa para envolver a presa, a Aranha remenda qualquer ruptura em tecidos internos ou externos e tece uma teia que mantém no lugar um curativo tênue durante a recuperação. Quando tiver desenvolvido uma relação com a Aranha, você poderá recorrer a ela para a cura.

A Aranha já tecia a Criação muito antes de existir qualquer coisa que conhecemos... Nossa reação natural à sua estranha natureza vai do respeito à repulsa. Viajando com a Aranha, temos a rara oportunidade de ter por ela apenas respeito. Como a Terra está em constante movimento pelo universo, entramos no domínio de diferentes tecelãs à medida que muda a localização do nosso planeta. Assim, em cada viagem você encontrará uma Aranha nova, que lhe mostrará algo inteiramente diferente.

A Viagem da Aranha

[*Faça a alquimia do Caldeirão...*]
Thoth está em pé sobre um fio de uma enorme teia, da qual você vê apenas uma pequena parte. Concentrando a atenção no fio de seda, você ouve a vibração da teia e percebe que ela estabelece um padrão de luz. Imagine essa vibração percorrendo o Universo e interagindo com outras teias...

Observe onde você está em relação a essas outras teias... [*Pausa.*]

Estenda a mão e toque o fio. No mesmo instante, você se torna parte da teia e, *zing*, dispara pelo filamento, saindo da atmosfera diretamente para o centro dessa gigantesca teia cósmica...

Aranha

Ao se rematerializar, você vê uma gigantesca Aranha. Note que dá para ver apenas uma parte da Aranha, pois a outra parte está sempre em outra dimensão. Tecendo sua teia, ela cria a *maya*, que conhecemos como realidade tridimensional. Preste atenção: a Aranha produz mais um fio. Da tecedura, o espaço e o tempo são criados. Vendo-a tecer, você percebe que não precisa ficar preso à nossa mera realidade tridimensional. Consciente da possibilidade infinita e simultânea, você se dá conta de que tudo está interligado.

Agora você tem a oportunidade de abandonar sua identidade individual e receber, como dádiva, a perspectiva da Aranha. De onde ela está, é possível enxergar não apenas a Terra, mas também o resto do sistema solar, a galáxia e o cosmo. Você está numa teia entre bilhões de outras, que crescem num frenesi contínuo e infinito... [*Longa pausa.*]

Embora o ponto de vista da Aranha seja muito diferente do nosso e muito mais amplo, ele nos permite ver as ligações entre a sua teia e todas as outras teias do cosmos. A Aranha tange um fio e faz a teia vibrar... Essa teia vibrante cruza com as outras teias, tecidas por outras aranhas. Em cada intersecção há um ponto de conexão, onde a matéria se inflama e toma forma. Os pontos de intersecção dão força à criação. A relação entre os bilhões de aranhas que fiam, tangem os fios e caminham nas teias gera as galáxias, estrelas e planetas que conhecemos como Universo...

Sem pressa, aprecie todo o espectro da existência... [*Longa pausa.*]

Agora, dessa perspectiva expandida, a Aranha lhe dá uma oportunidade de observar a Terra com olhos neutros para ver o que criamos como espécie. Você vê o que precisa ser feito na sua esfera de influência. Quando voltar ao plano material, pode ser que tenha novas contribuições a oferecer... [*Pausa.*]

Quando sentir que a experiência chegou ao fim, expresse sua gratidão à Aranha pelas descobertas que teve a oportunidade de fazer... Para voltar à realidade comum, concentre-se em seu mundo individual no centro do seu próprio universo... A Aranha começa a tanger os fios à sua volta, rodeando-o de vibrações de luz e som. À medida que se solidificam, a luz e o som vão tomando a forma do seu ambiente cotidiano... Compartilhe a experiência com Thoth e receba todas as informações ou mensagens que ele queira lhe transmitir neste momento...

[*Thoth o ajudará a retornar à consciência comum... Não se esqueça de se firmar no chão e de se centralizar antes de abrir os olhos...*]

Mustangue
Espírito de Liberdade

Os cavalos têm sido reverenciados, ao longo da História, em muitas culturas, como a cultura chinesa, muitas tradições européias e dos índios norte-americanos. Eles representam o espírito da liberdade. E nada encarna melhor esse espírito do que os poucos mustangues selvagens remanescentes, que mantêm uma independência bravia. Os cavalos são considerados veículos seguros para viajar tanto no mundo físico quanto no espiritual. Os xamãs cavalgam seus mustangues pelo mundo superior e pelo mundo inferior com a mesma facilidade.

A dádiva do Mustangue é a capacidade de viver plenamente o momento. A viagem do Mustangue é a própria cavalgada, sem a necessidade de ir a algum lugar determinado. Com esse espírito de aventura, o Mustangue o convida a se entregar à experiência da vida. Sempre que se sentir confinado, você pode montar o Mustangue, tornar-se um com seu cavalo, conhecer a alegria do vento no cabelo e voar. O Mustangue vai ensiná-lo a confiar no momento e a reconhecer a própria magnificência. Embora esta viagem possa ser feita a qualquer momento, nesta nova edição escolhi o Mustangue para a viagem final. Assim, as viagens culminam com a poderosa e inebriante experiência da liberdade.

A Viagem do Mustangue

[*Faça a alquimia do Caldeirão e entre em contato com Thoth...*]
Thoth aponta para o céu, onde se vê belas nuvens em movimento. Você está admirando a configuração mutante das nuvens quando emerge a forma de um cavalo... Você se imagina saltando sobre o dorso desse cavalo. Assim que essa idéia lhe ocorre, a nuvem em forma de cavalo desce ao chão

e se transforma num garanhão malhado, galopando à frente de um bando de mustangues selvagens. Você está numa campina cercada por colinas onduladas. O bando de mustangues passa num estrondo, correndo com o vento em alegre abandono.

Enquanto o cavalo que veio das nuvens lidera os mustangues pela campina, entregue-se ao desejo de correr em liberdade com o bando. Você grita: "Ajudem-me a ser livre, ajudem-me a conhecer a liberdade!" O líder ouve seu apelo e pára — ele olha para você mas mantém distância... Fique bem quieto... Sem se mover, você e o cavalo se entreolham. Para montar esse cavalo, você precisa ganhar a confiança dele e ele precisa ganhar a sua. Mas dê tempo a ele: fique quieto, com o coração aberto. Mantenha uma distância neutra enquanto, muito lentamente, o cavalo se aproxima de você.

Finalmente, esse magnífico Mustangue pára à sua frente. Fique em silêncio, concentrado no cavalo. Ele o rodeia antes de parar diante de você. Então, balança a cabeça em sinal de aceitação — reconhece que você está ali para receber sua dádiva. Com a permissão dele, você monta, acomodando-se com facilidade. Segure-se na crina: ele começa a andar e depois a trotar para alcançar o bando... Incline-se sobre o pescoço dele e sinta seu corpo ondular sob o seu. Você tem consciência da força, do senso de direção e da alegria desse cavalo. Deixe-se fundir ao cavalo para viver plenamente esse momento, como ele... [*Pausa.*]

Sentindo que você se tornou um com ele, o Mustangue começa a galopar, atravessando a campina e as colinas, saltando e voando, cada vez mais alto, até as nuvens e além delas. Sinta o vento e viva essa extraordinária sensação de liberdade. Aproveite a cavalgada... [*Longa pausa.*]

Quando achar que a viagem está completa, volte voando através da atmosfera e das nuvens — até o Mustangue tocar a terra. De volta ao lugar onde o Mustangue o encontrou, você apeia. Olhando para cima, você vê uma águia voando em círculos. Ela deixa cair uma bela pena pintada, que você pega com gratidão e prende à crina do seu magnífico Mustangue, em sinal de admiração...

Thoth está à sua espera. Sem pressa, compartilhe com ele sua experiência...

[*Thoth o ajuda a voltar ao corpo físico e à consciência comum. Não se esqueça de se firmar no chão e de se centralizar...*]

Posfácio

Com a conclusão vem a gratidão,
e aqui nós agradecemos a todas
as pessoas de nossas relações.

O Jardim
Gratidão/Vislumbre do Lado de Lá

O jardim é um local de plenitude: uma plataforma que o leva ao nível ou estágio seguinte do seu desenvolvimento. Você pode usar a serenidade desse jardim para se envolver na paz que é necessária para enxergar além das limitações de suas esperanças e sonhos. Quem ainda espera pelas coisas não consegue ver o futuro. Enquanto sua energia estiver voltada para o que você quer e pensa que não pode ter, você não sai do lugar. Quando você passa pela experiência de ter tudo o que deseja — de receber alegremente tudo o que deseja — o que resta? Deixe que o inesperado seja a dádiva final do Caldeirão. Assim, você poderá voltar, de tempos em tempos, para passar pela experiência do seu próprio crescimento, das suas próprias mudanças e das possibilidades ainda inconcebíveis que o aguardam.

Esta viagem é uma oportunidade de enriquecer suas relações com os totens que encontrou neste livro. Ela lhe proporciona um espaço para você retomar o contato com seus novos aliados e reverenciá-los. Em minhas viagens com esses e outros amigos espirituais, tive contatos espontâneos com esses seres simplesmente para agradecer. A gratidão e a alegria que senti nesse processo evocaram alguns dos meus momentos mais profundos e verdadeiros.

Para ir ao jardim, você não precisa esperar até ter encontrado todos os participantes de *Meditações dos Animais de Poder* — pois esta viagem vai lhe fazer bem a qualquer hora.

A Viagem do Jardim

[*Faça a alquimia do Caldeirão...*]
Thoth está à sua espera. Muito feliz ao vê-lo, ele o leva a um jardim exuberante. Aproveite este momento para fazer uma homenagem especial a Thoth, agradecendo-lhe por ser seu guia nestas viagens... [*Pausa.*]

Ao entrar no jardim, você verá a Velha cuidando de uma roseira, conforme exige a estação do ano. Ela também fica contente ao vê-lo e lhe mostra as plantas mais especiais e as que plantou recentemente. O amor que a Velha sente por você é o mesmo amor que ela sente pelo jardim. Compartilhem a admiração e o amor que sentem um pelo outro... [*Pausa.*]

Há flores, arbustos, ervas medicinais, temperos e árvores frutíferas — mas o jardim está sempre mudando e crescendo e, em seu traçado singular, há um caminho para a consciência de si mesmo. Caminhando entre os canteiros com sua folhagem exuberante, seus sentidos se intensificam. Sinta os perfumes: da terra rica, das ervas e das flores. Ouça os sons dos insetos, das abelhas e dos beija-flores...

Há um lugar para você se sentar numa área espaçosa no centro do jardim. Perceba o que cresce à sua volta...

Dê um tempo para que cada animal e outros aliados das suas experiências com *Meditações dos Animais de Poder* venha até o centro do jardim. Este é um momento especial para celebrar e agradecer. A maioria vai cumprimentá-lo e se retirar logo depois. Mas alguns ficarão um pouco mais, provavelmente para lhe dizer que precisam trabalhar mais com você... [*Longa pausa.*]

Depois de compartilhar amor e gratidão e de se despedir de todo mundo, comece a pensar no que gostaria que lhe acontecesse agora. Escolha algum aspecto de sua vida que seja muito importante, que você gostaria de desenvolver. Esteja aberto a todas as possibilidades e escolha a que estiver de acordo com o desejo do seu coração — sua maior esperança para o futuro. Como seria conseguir exatamente o que você quer? Concentre-se nessa possibilidade até concretizá-la... Viva essa realidade no jardim. Imagine que você já obteve o que deseja. Aceite: o que você queria já se realizou... Como lhe parece o mundo ao redor? Qual é a sensação?

Depois que você se vê de posse do que deseja, alguma outra coisa pode se realizar, como uma conseqüência. Portanto, aceite o que já tem e veja o que acontece depois. Agora você tem uma amostra de como será o futuro. Esteja pronto para o inesperado... [*Pausa.*]

[*Leve o tempo que precisar. Você já conhece o caminho de volta...*]